[新版改訂版]

保育者をめざす

保育内容「健康」

圭文社

はじめに

　中国に「一匹の魚を与えても一日しか食べられない。しかし、魚の釣り方を教えれば、一生食べることができる。」という諺（ことわざ）があります。これは、今日の教育にも通ずるものがあるのではないでしょうか。

　家庭用ゲーム機やスマートフォンの普及、少子化、家族構成の変化、公園や空き地などの遊び場の減少など、子どもたちを取り巻く環境が大きく変わってきました。また、「子どものからだが危ない」「落ち着きがない」「キレやすい」「体は大きく運動は不器用」などマイナス面ばかりがクローズアップされてきました。しかし、過去を振り返るばかりではなく時代の流れに適応しながら、現代を生きる子どもたちがすくすくと育ち、将来の世界・日本を担っていく柱になっていくためにはどのような「育ちの支援」をしなければならないのかを考えていかなければなりません。

　豊富な物資によって子どもたちの遊びも様変わりしている中、その場の楽しさだけではなくもっと先を見据えた保育をしていく必要があります。家庭用ゲーム機やテーマパークなどはその場、その時を楽しむ遊びです。もちろん、「楽しい」「おもしろい」と感じることは心の発達にはとても大切なことですが、子どもの発育・発達や健康の分野から考えますと、先のことわざにもあるように「遊び」を与えるのではなく、子どもたち自らが楽しいと思える遊びを見つけるための「きっかけ」を与えることこそが大切なことだと考えています。

　この「保育内容（健康）」を通して、いろいろな機能が急速に成長する幼児期の子どもたちに携わる保育者を目指す皆さんが、心やからだの発育・発達を十分に理解し、健康の大切さ、からだを動かすことの楽しさを学び、現場に生かしていただけることを願うとともに、保育者に与えられた使命の大きさを再確認いただけたら幸いです。

　最後になりましたが、本書の作成にあたりご協力いただきました皆様方に感謝申し上げます。

　　　　　　　　　　　　　　　　　　監修・編著　安倍　大輔
　　　　　　　　　　　　　　　　　　　　　　　　井筒　紫乃
　　　　　　　　　　　　　　　　　　　　　　　　川田　裕次郎

目　次

はじめに

第1章　保育内容「健康」で学ぶこと
Ⅰ　保育・教育における「健康」の位置づけ ……………………………… 6
Ⅱ　「保育所保育指針」・「幼稚園教育要領」・「幼保連携型認定こども園教育・保育要領」とは…… 7
Ⅲ　領域「健康」とは ……………………………………………………… 9

第2章　からだの発達
Ⅰ　からだの発育と発達 …………………………………………………… 14
Ⅱ　運動発達 ………………………………………………………………… 21
Ⅲ　運動発達を促進する運動指導 ………………………………………… 25
　　　●ワークシート ……………………………………………………… 28

第3章　こころの発達
Ⅰ　ピアジェの発達理論 …………………………………………………… 30
Ⅱ　エリクソンの発達段階理論 …………………………………………… 34
Ⅲ　社会性の発達 …………………………………………………………… 37
　　　●ワークシート ……………………………………………………… 40
　　　☆コラム「休息の取り方について①」 …………………………… 41

第4章　子どもにとって遊びとは
Ⅰ　子どもと遊び …………………………………………………………… 42
Ⅱ　子どもの主体性と遊び ………………………………………………… 44
Ⅲ　遊びの指導の留意点 …………………………………………………… 46
　　　●ワークシート ……………………………………………………… 49

第5章　屋内の遊び・屋外の遊び
Ⅰ　屋内の遊び ……………………………………………………………… 50
Ⅱ　屋外の遊び ……………………………………………………………… 54
Ⅲ　ボール遊び ……………………………………………………………… 57
　　　●ワークシート ……………………………………………………… 61

第6章　季節の遊び
Ⅰ　保育内容における「季節の遊び」 …………………………………… 62
Ⅱ　「季節の遊び」と自然の魅力 ………………………………………… 62
Ⅲ　「季節の遊び」と保育者の感性 ……………………………………… 63
Ⅳ　「季節の遊び」と風土 ………………………………………………… 64
Ⅴ　様々な「季節の遊び」 ………………………………………………… 65
Ⅵ　「季節の遊び」の役割と展望 ………………………………………… 67
　　　●ワークシート ……………………………………………………… 69

第7章　子どもの遊びの指導案作成
Ⅰ　指導案とは ……………………………………………………………… 70
Ⅱ　子どもと遊びの特性をつかむ ………………………………………… 71
Ⅲ　遊びの支援のポイント ………………………………………………… 72
Ⅳ　遊びにおける指導案作成の観点と実践例 …………………………… 75
　　　☆コラム「休息の取り方について②」 …………………………… 80

第8章　基本的生活習慣の形成
Ⅰ　睡眠 ……………………………………………………………………… 82
Ⅱ　食事 ……………………………………………………………………… 84
Ⅲ　排泄 ……………………………………………………………………… 86
Ⅳ　衣服の着脱 ……………………………………………………………… 87
Ⅴ　衛生 ……………………………………………………………………… 89

第9章　基本的生活習慣を育む指導法
Ⅰ　基本的生活習慣を形成するための指導のポイント ……………………… 90
Ⅱ　基本的生活習慣を育む具体的な保育者の関わり ………………………… 92
●ワークシート …………………………………………………………… 96

第10章　現代社会と子ども
Ⅰ　子どもの「三間」の問題 …………………………………………………… 98
Ⅱ　「三間」の減少と子どもをめぐる様々な変化 …………………………… 102
●ワークシート …………………………………………………………… 105

第11章　子どもとメディア
Ⅰ　子どもを取り巻くメディアの変遷 ……………………………………… 106
Ⅱ　子どもを取り巻くメディアの問題 ……………………………………… 107
Ⅲ　「スマホ育児」の問題性 …………………………………………………… 110
Ⅳ　スマホやタブレット端末による子どものからだへの影響 …………… 111
Ⅴ　子どもと触れ合うことの大切さ ………………………………………… 112
●ワークシート …………………………………………………………… 114

第12章　食育と健康
Ⅰ　乳幼児期の食生活の特徴 ………………………………………………… 116
Ⅱ　子どもの食行動・食生活の問題 ………………………………………… 117
Ⅲ　食育の基本とその内容 …………………………………………………… 120
Ⅳ　食育のための環境づくり ………………………………………………… 123
Ⅴ　地域の関係機関や職員間の連携 ………………………………………… 124
Ⅵ　食をとおした保護者との連携 …………………………………………… 125
●ワークシート …………………………………………………………… 126
☆コラム「保育中の姿勢や歩行について」 ……………………………… 127

第13章　子どもの安全管理と安全教育
Ⅰ　事故の発生と場所 ………………………………………………………… 128
Ⅱ　事故防止 …………………………………………………………………… 130
Ⅲ　リスクとハザード ………………………………………………………… 131
Ⅳ　交通安全を学ぶ …………………………………………………………… 131
Ⅴ　自然災害から子どもを守る ……………………………………………… 132
Ⅵ　不審者対策 ………………………………………………………………… 134
Ⅶ　防災を学ぶ ………………………………………………………………… 134
●ワークシート …………………………………………………………… 135

第14章　子どものけが・病気について
Ⅰ　子どものけがについて …………………………………………………… 136
Ⅱ　子どものけがを予防する ………………………………………………… 142
Ⅲ　子どもの病気について …………………………………………………… 142
Ⅳ　けが・病気発生時の対応 ………………………………………………… 145
●ワークシート …………………………………………………………… 146

第15章　園の生活について
Ⅰ　保育の基本と生活 ………………………………………………………… 148
Ⅱ　園生活の理解 ……………………………………………………………… 148
Ⅲ　乳児保育の方向性 ………………………………………………………… 149
Ⅳ　一日の流れ ………………………………………………………………… 150
Ⅴ　保育の展開と保育の流れ ………………………………………………… 154
●ワークシート …………………………………………………………… 156

参考・引用文献リスト…………………………………………………………… 157

第1章 保育内容「健康」で学ぶこと

　乳幼児期は、心身の発達とともに生活行動の基礎が身に付く時期であり、生涯にわたる健康の維持・増進に関わる重要な時期です。そのため、保育所、認定こども園、幼稚園（以下、三つを総称し「園」とします）で実践する保育・教育における「健康」の意義と位置づけを理解しておく必要があります。本章では、保育・教育における「健康」の基本理念について学習します。

Ⅰ　保育・教育における「健康」の位置づけ

　子どもの「健康」を考え保育・教育を実践するためには、保育・教育に関する法律や法規に記載されている「健康」の意味を理解しておく必要があります。以下、法律や法規に記載されている「健康」について紹介します。

・児童福祉法では、第1条に子どもの権利として「健康」が記されており、第2条には、国民の義務として記されています。

児童福祉法
第1条　全て児童は、児童の権利に関する条約の精神にのっとり、適切に養育されること、その生活を保障されること、愛され、保護されること、その心身の健やかな成長及び発達並びにその自立が図られることその他の福祉を等しく保障される権利を有する。
第2条第1項
　全て国民は、児童が良好な環境において生まれ、かつ、社会のあらゆる分野において、児童の年齢及び発達の程度に応じて、その意見が尊重され、その最善の利益が優先して考慮され、心身ともに健やかに育成されるよう努めなければならない。

・教育基本法では、教育の目的として「健康」が記されています。

教育基本法第1条（教育の目的）
　教育は、人格の完成をめざし、平和的な国家及び社会の形成者として、真理と正義を愛し、個人の価値をたつとび、勤労と責任を重んじ、自主的精神に充ちた心身ともに健康な国民の育成を期して行われなければならない。

・学校教育法では、幼稚園の目的と目標として「健康」が記載されています。また、第23条に記載された五つの目標は、5領域（健康、人間関係、環境、言葉、表現）に対応しています。

NOTE

> **学校教育法**
>
> 第22条　幼稚園は、義務教育及びその後の教育の基礎を培うものとして、幼児を保育し、幼児の健やかな成長のために適当な環境を与えて、その心身の発達を助長することを目的とする。
> 第23条　幼稚園における教育は、前条に規定する目的を実現するため、次に掲げる目標を達成するよう行われるものとする。
> 1　健康、安全で幸福な生活のために必要な基本的な習慣を養い、身体諸機能の調和的発達を図ること。
> 2　集団生活を通じて、喜んでこれに参加する態度を養うとともに家族や身近な人への信頼感を深め、自主、自律及び協同の精神並びに規範意識の芽生えを養うこと。
> 3　身近な社会生活、生命及び自然に対する興味を養い、それらに対する正しい理解と態度及び思考力の芽生えを養うこと。
> 4　日常の会話や、絵本、童話等に親しむことを通じて、言葉の使い方を正しく導くとともに、相手の話を理解しようとする態度を養うこと。
> 5　音楽、身体による表現、造形等に親しむことを通じて、豊かな感性と表現力の芽生えを養うこと。
> 　＊　幼保連携型認定こども園は、認定こども園法第2条及び第9条に教育及び保育の目的及び目標が示されている。認定こども園においては、認定こども園法第9条にこれらの内容に加えて、"6　快適な生活環境の実現及び子どもと保育教諭その他の職員との信頼関係の構築を通じて、心身の健康の確保及び増進を図ること。" が示されている。

　このことから、保育・教育において、子どもの「健康」はとても重要であり、保育者はこれらの理念のもと保育・教育を実践していく必要があることがわかります。

Ⅱ　「保育所保育指針」・「幼稚園教育要領」・「幼保連携型認定こども園教育・保育要領」とは

　園における教育課程と保育内容の基準として定められたものが「保育所保育指針」、「幼稚園教育要領」、「幼保連携型認定こども園教育・保育要領」であり、法の規定に従い定められています。保育者は、これらの指針や教育・保育要領を踏まえて保育・教育を実践しなければなりません。
　2017（平成29）年に改定された「保育所保育指針」、「幼稚園教育要領」、「幼保連携型認定こども園教育・保育要領」では、質の高い保育・教育をどこでも同じ水準で提供できるよう、おおむね共通化された内容となっています。さらに、園では小学校入学以降を見通した保育・教育活動を展開することが求められています。具体的には、園生活の全体をとおして『生きる力の基礎』を育むための三つの「資質・能力」が示され、小学校との接続をスムーズにするための「幼児期の終わりまでに育ってほしい姿」が示されています。

NOTE

三つの資質・能力

① **知識・技能の基礎**
　子どもが遊びの中で「気づく」、「わかる」、「できる」ようになることです。「気づくこと」や「わかること」、「できること」の様々な体験が、小学校以降に習得する知識・技能の土台になります。

② **思考・判断・表現力等の基礎**
　子どもが気づいたことや出来るようになった経験（知識技能の基礎）を使って、「考える」、「試す」、「工夫する」、「（伝えるために）表現する」ことです。「工夫すること」や「試すこと」、「気づくこと」の様々な体験が、小学校以降に習得する思考・判断・表現力等の土台になります。

③ **学びに向かう力人間性等**
　子どもが、心情（感じる心）、意欲（やりたい気持ち）、態度（取り組む姿勢）を持ち合わせていく中で、「今より良い生活を営もうとする」ことです。心情（感じる心）、意欲（やりたい気持ち）、態度（取り組む姿勢）の様々な体験が、小学校以降の学びに向かう力人間性の土台になります。

　「幼児期の終わりまでに育ってほしい姿」（図1）は指導を行う際に考慮するものであり、保育者（保育士・幼稚園教諭）と小学校教諭が幼児期の終わりまでに育って欲しい姿を共有することで、幼児教育と小学校教育の接続を円滑なものにすることを目指しています。

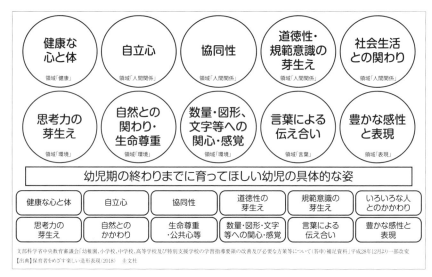

図1　幼児期の終わりまでに育ってほしい姿

Ⅲ 領域「健康」とは

　2017（平成29）年改定の「保育所保育指針」、「幼稚園教育要領」、「幼保連携型認定こども園教育・保育要領」の第2章には「ねらい及び内容」（保育所保育指針では「保育の内容」）が示されており、視点や領域（健康、人間関係、環境、言葉、表現）ごとに、園で何を意図して教育・保育を行うのかを明確にしています。「ねらい」は園の教育及び保育において育みたい資質・能力を園児の生活する姿から捉えたものであり、「内容」は「幼児が環境にかかわって展開する具体的な活動をとおして総合的に指導されるもの」とされています。そして「内容の取り扱い」は園児の発達を踏まえた指導を行うにあたり留意すべき事項です。

　さらに、「ねらい及び内容」では、保育者がそれぞれの教育・保育内容を発達段階に合わせて整理できるよう「乳児期の園児の保育」、「満1歳以上3歳未満児の保育」、「満3歳以上の園児の教育及び保育」の三つの時期で構成されています。なお「幼稚園教育要領」では、「乳児期の園児の保育」「満1歳児以上3歳児未満児の保育」の記載はありません。保育所保育指針では、「乳児保育」、「1歳以上3歳未満児の保育」、「3歳以上児」と表記されています。「保育所保育指針」、「幼稚園教育要領」、「幼保連携型認定こども園教育・保育要領」はいずれもほぼ同じ内容であることから、ここでは「幼保連携型認定こども園教育・保育要領」の内容に沿って学習します。

1 乳児期

　「乳児期の園児の保育のねらい及び内容」は、発達の特徴を踏まえ5領域ではなく三つの視点（身体発達に関する視点「健やかに伸び伸びと育つ」、社会的発達に関する視点「身近な人と気持ちが通じ合う」、精神的発達に関する視点の「身近なものと関わり感性が育つ」）としてまとめ、示されています。三つの視点は、その後の5領域が成り立つ発達的根拠であるとともに、それぞれの発達の側面が重なり影響しあうことで達成に向かいます（図2）。

　特に、身体発達に関する視点「健やかに伸び伸びと育つ」は、健康な心と体を育て、自ら健康で安全な生活をつくり出す力の基盤を培うものであり、1歳以降の領域「健康」に繋がります。

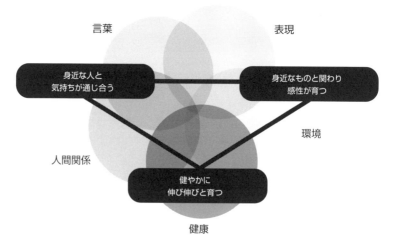

図2　三つの視点と領域のつながり

身体的発達に関する視点「健やかに伸び伸びと育つ」には、次の三つのねらいが挙げられています。

> 健康な心と体を育て、自ら健康で安全な生活をつくり出す力の基盤を培う。
>
> **ねらい**
> （1）身体感覚が育ち、快適な環境に心地よさを感じる。
> （2）伸び伸びと体を動かし、はう、歩くなどの運動をしようとする。
> （3）食事、睡眠等の生活のリズムの感覚が芽生える。

ねらい（1）：健康で安全な生活を営んでいくための基盤は、環境との関わりをとおして身体感覚を育み、心地よい経験を重ねることでつくられていきます。そのため、保育者は、子どもが心地よい生活を追求していけるよう快適な環境を設定すること、子どもがもっと触りたい・関わりたいという気持ちが膨らむよう愛情のこもった応答的な関わりを行うことが重要です。

ねらい（2）：安心して伸び伸びと動ける環境は、探索への意欲を高め、心身の両面を十分に働かせる生活をつくり出します。保育者は、子どもが（触りたい・関わりたいという気持ちが膨らみ）自分の体を動かそうとする意欲を引き出せるようにすること、子どもが体を動かすことを楽しみ、行動範囲を広げていけるような関わりを行うことが重要です。

ねらい（3）：日常生活における生理的な欲求と保育者による愛情豊かな応答の心地よい繰り返しが、生活のリズムの感覚を培います。これらは、子どもに安心感と充足感をもたらし意欲的に生活することに繋がります。保育者は、集団のリズムに合わせるのではなく、一人一人の生活のリズム（生理的欲求のリズム）を大事にした関わりを心がけることが重要です。

これらの「ねらい」を達成するための指導事項として、次の五つの内容が挙げられています。

> **内容**
> (1) 保育教諭等の愛情豊かな受容の下で、生理的・心理的欲求を満たし、心地よく生活をする。
> (2) 一人一人の発育に応じて、はう、立つ、歩くなど、十分に体を動かす。
> (3) 個人差に応じて授乳を行い、離乳を進めていく中で、様々な食品に少しずつ慣れ、食べることを楽しむ。
> (4) 一人一人の生活のリズムに応じて、安全な環境の下で十分に午睡をする。
> (5) おむつ交換や衣服の着脱などを通じて、清潔になることの心地よさを感じる。

(1) と (2) は、健康な心と体を育てていくため、(3) 〜 (5) は、自ら健康で安全な生活をつくり出すための力の基盤を培う指導事項です。

2 満1歳以上3歳未満

「満1歳以上3歳未満の園児の保育に関するねらい及び内容」は、発達の特徴を踏まえ5領域（心身の健康に関する領域「健康」、人との関わりに関する領域「人間関係」、身近な環境との関わりに関する領域「環境」、言葉の獲得に関する領域「言葉」及び感性と表現に関する領域「表現」）としてまとめ、示されています。5領域の保育内容は、乳児期の園児の保育内容の3視点及び満3歳以上の園児の教育及び保育の内容における5領域と連続するものです。

心身の健康に関する領域「健康」には、次の三つのねらいが挙げられています。

> 健康な心と体を育て、自ら健康で安全な生活をつくり出す力を養う。

> **1 ねらい**
> (1) 明るく伸び伸びと生活し、自分から体を動かすことを楽しむ。
> (2) 自分の体を十分に動かし、様々な動きをしようとする。
> (3) 健康、安全な生活に必要な習慣に気付き、自分でしてみようとする気持ちが育つ

ねらい (1)：情緒が安定することで好奇心が旺盛になり行動範囲が広がります。そのため、保育者は、応答的で受容的な関わりを行うこと、子どもが伸び伸びと活動できるよう（必要以上に子どもの動きを止めないよう心がけ）自発的な活動を見守ることが重要です。

ねらい (2)：好奇心から活発に体を動かすようになることで身体や運動の機能が高まります。保育者は、安全面に配慮しながら、子どもが十分に体を動かせるよう必要な環境を整えていくことが重要です。

ねらい (3)：好奇心が生活習慣に向かうことで、食事や衣服の着脱、排泄等へのやりたい気持ちが育っていきます。保育者は、子どもの思いやペースを尊重し、達成感や心地よさを感じられる援助を行うことが重要です。

これらの「ねらい」を達成するための指導事項として、次の七つの内容が挙げられています。

NOTE

> **内容**
>
> （1）保育教諭等の愛情豊かな受容の下で、安定感をもって生活をする。
> （2）食事や午睡、遊びと休息など、幼保連携型認定こども園における生活のリズムが形成される。
> （3）走る、跳ぶ、登る、押す、引っ張るなど全身を使う遊びを楽しむ。
> （4）様々な食品や調理形態に慣れ、ゆったりとした雰囲気の中で食事や間食を楽しむ。
> （5）身の回りを清潔に保つ心地よさを感じ、その習慣が少しずつ身に付く。
> （6）保育教諭等の助けを借りながら、衣類の着脱を自分でしようとする。
> （7）便器での排泄に慣れ、自分で排泄ができるようになる。

（1）は安定感に関わること、（2）は生活のリズムに関すること、（3）〜（7）
は運動や生活習慣に関することの指導事項です。

3 満3歳以上

　「満3歳以上の園児の教育・保育に関するねらい及び内容」は、乳児期から
の連続性をもっています。そのために保育者は、子どもの発達が日々の生活の
積み重ねの上にあるものであることを理解し、教育及び保育を展開することが
重要です。そして、健康に関する領域は、「健康な心と体」という具体的な姿
とだけ結びついているわけではありません。健康な心と体があってこそ、人間
関係や環境とのかかわり、言葉、表現が生まれてきます。健康に関する領域は、
様々な視点や領域、姿と結びついていることを理解し保育を展開できるように
しましょう。

　心身の健康に関する領域「健康」には、次の三つのねらいが挙げられています。

> 健康な心と体を育て、自ら健康で安全な生活をつくり出す力を養う。

> **1 ねらい**
>
> （1）明るく伸び伸びと行動し、充実感を味わう。
> （2）自分の体を十分に動かし、進んで運動しようとする。
> （3）健康、安全な生活に必要な習慣や態度を身に付け、見通しをもって行動する。

ねらい（1）：認めてくれる大人や友達とともに伸び伸びと行動することで充実
感や満足感を味わうことができます。そのため、保育者は、子どもが伸び伸び
と行動し充実感を味わえるよう、安心できる存在・場所になることが重要です。
ねらい（2）：幼児期は、「体を動かしたい」という欲求が強く、十分に体を動
かすことで、運動習慣や生活習慣の形成、さらには生理的諸機能や運動能力の
発達が促進されます。保育者は、子どもが体を動かす気持ちよさを感じられる
よう工夫し意欲を育てることが重要です。
ねらい（3）：毎日の生活の積み重ねの中で、健康や安全に必要な習慣や態度を
身に付けていくことができます。また、行動の意味や必要性を理解することで
見通しをもって行動することができます。そのため、保育者は、子どもにルー
ルや使い方等の具体的な理由を丁寧に伝え、自発的に行動できるようにしてい
くことが重要です。

内容

(1) 保育教諭等や友達と触れ合い、安定感をもって行動する。
(2) いろいろな遊びの中で十分に体を動かす。
(3) 進んで戸外で遊ぶ。
(4) 様々な活動に親しみ、楽しんで取り組む。
(5) 保育教諭等や友達と食べることを楽しみ、食べ物への興味や関心をもつ。
(6) 健康な生活のリズムを身に付ける。
(7) 身の回りを清潔にし、衣類の着脱、食事、排泄などの生活に必要な活動を自分でする。
(8) 幼保連携型認定こども園における生活の仕方を知り、自分たちで生活の場を整えながら見通しをもって行動する。
(9) 自分の健康に関心をもち、病気の予防などに必要な活動を進んで行う。
(10) 危険な場所、危険な遊び方、災害時などの行動の仕方が分かり、安全に気を付けて行動する。

　（1）～（4）は、自ら体を動かして活動することを楽しめるようにするため、（5）～（8）は、基本的生活習慣を身に付けていけるようにするため、（9）～（10）は、健康や安全な生活に気をつけられるようにするための指導事項です。

　　　　　　（上村　明）

第２章 からだの発達

> **NOTE**
>
> ●成熟
> 人間のからだや心が十分に成長すること

「発育」という用語は、成長とほぼ同義に使われ、からだの大きさや量が**成熟**の状態に達するまで増大することをいいます。例えば、身長や体重などが増加していくことです。次にからだの成長に伴って機能面が質的に変化することを「発達」といいます。例えば、運動機能の向上、あるいは言葉や知能などの知的能力や精神機能の向上など、からだの諸機能の変化のことです。

本章ではそうした「発育」と「発達」の違いを念頭におきながら、「幼稚園教育要領」、「保育所保育指針」、「認定こども園教育・保育要領」の領域「健康」に関する乳幼児期のからだの発育・発達と運動の発達について学びます。さらに、運動発達を促進する運動指導について、運動の多様化と洗練化の視点から述べていきます。

まず、からだの発育と発達の違いについて学びます。そのことを踏まえて、それぞれのからだの部位の発育と様々なからだの機能面や質的な変化について述べていきます。

I　からだの発育と発達

1　乳幼児のからだの発育と発達

「発育」と「発達」の違いについては本章のはじめで述べましたが、「発育」と「発達」はそれぞれ単独で進行していくものではなく、からだの形態面が発育しながらその機能面を発達させていくというように相互に関連しあっていきます。そして、発育と発達は生育環境等によっても個人差があることを把握しておくことが必要です。

乳幼児期の運動の発達には段階があり、乳児期から幼児期にかけて、初歩的な運動段階から基礎的な運動の段階へと順序だてて運動が発達していきます。

運動能力の一つに運動コントロール能力が挙げられますが、これは感覚・知覚とからだの協応動作であり、機能面の向上を表しているので運動発達といいます。

2 からだの形態的発育

1 からだの器官別発育

からだの器官別の発育については、スキャモンの発育曲線が使われます（図1）。スキャモンは人間のからだを四つの部位にわけ（**一般型**、**神経型**、**リンパ型**、**生殖型**）、成人（20歳）のからだの発育量を100%として0歳から20歳までの各年齢の発育の割合をパターン化しました。

一般型は身長、体重、呼吸器、消化器、筋肉、骨などの発育パターンで、0歳から4～5歳にかけて急速に成人の40%くらいまで発育します。5歳以降は12歳ころまではゆるやかになり、その期間の発育は10%程度です。その後、12歳を過ぎるころから急速に残りの50%が発育し、20歳で100%に達します。このように一般型は、乳幼児期と思春期に急速に発育する時期と児童期に発育がゆるやかになるのが特徴的です。

神経型は脳、脊髄、神経などの発育パターンです。0歳から急速に発育し2歳で成人の約60%、4歳で約80%、6～7歳で約90%、その後発育はゆるやかになり、20歳で100%に達します。一般型は幼児期から児童期にかけて40～50%程度であるのに対し、幼児期には神経型が60～90%と著しく発育するので、運動コントロール能力を向上させるのに適した時期といえます。

リンパ型は胸腺や免疫力の向上をさし、0歳から急速に発育し、7歳で100%に達します。その後8～12歳にかけて過剰発育し約190%にまでになります。その後は急速に下降し、20歳で100%になります。児童期に風邪をひくと扁桃腺が腫れやすいのは、過剰発育が原因です。

生殖型は性腺ホルモンに関連する器官であるため、第二次性徴期の14歳を過ぎるころ（思春期）から急速に発育し、20歳で100%になります。

このようにからだは器官別に発育する時期や速さが異なっており、乳幼児の健康の促進には、それぞれの器官の発育に合わせた栄養摂取、運動、休息が重要です。

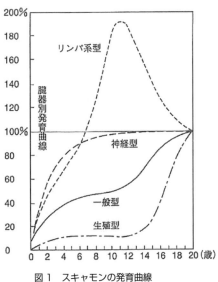

図1　スキャモンの発育曲線
(Scammon, 1930)

NOTE

●一般型
呼吸器、心臓・血管、骨、筋肉、血液、消化器、脾臓、腎臓など

●神経型
脳、脊髄、視覚器など

●リンパ型
リンパ節、扁桃など

●生殖型
精巣、卵巣、子宮など

NOTE ▶

●中央値
データを小さい方から並べた時の中央に位置する値

2 身長と体重の発育

　10 年に一度実施される厚生労働省の「乳幼児身体調査」（2010（平成22）年）では、身長の**中央値**は出生時の男児 49.0cm、女児 48.5cm です。その後、1 歳児の男児 74.8cm、女児 73.4cm となり出生時の約 1.5 倍、5 歳児の男児 101.8cm、女児 100.8cm となり出生時の約 2 倍になります。

　体重の中央値は出生時の男児 3.00kg、女児 2.94kg、生後 3〜4 か月未満の男児 6.63kg、女児 6.15kg で出生時の約 2 倍となり、1 歳児の男児 9.24kg、女児 8.68kg で出生時の約 3 倍になります。さらに、2〜2 歳 6 か月未満の男児 11.93kg、女児 11.29kg で出生時の約 4 倍、4〜4 歳 6 か月未満の男児 15.76kg、女児 15.51kg で出生時の約 5 倍、5〜5 歳 6 か月未満の男児 17.56kg、女児 17.32kg で出生時の約 6 倍になります（表1）。

　幼児の身長体重の発育の指標としては、身長別の体重曲線を用いますが（図2・3）、乳幼児にはカウプ指数を用いることもあります。

カウプ指数＝体重（g）／身長（cm）^{2}×10

20 以上：太りすぎ、15〜18：ふつう、13 以下：やせすぎ

　なお学童期には「肥満度」、成人については BMI（Body Mass Index：体

表 1　乳幼児における体格の発育

年齢	身長（cm）		体重（kg）		頭囲（cm）		胸囲（cm）	
	男子	女子	男子	女子	男子	女子	男子	女子
新生児	49.0	48.5	3.00	2.94	33.5	33.0	32.0	31.6
1 歳児	74.8	73.4	9.24	8.68	46.2	45.1	46.1	44.8
2 歳児	86.7	85.3	11.93	11.29	48.7	47.5	49.2	47.9
3 歳児	95.1	93.8	13.99	13.53	49.7	48.7	51.2	49.8
4 歳児	101.8	100.8	15.76	15.51	50.5	49.6	52.9	51.6
5 歳児	108.0	107.3	17.56	17.32	51.0	50.4	54.8	53.6
6 歳児	114.9	114.0	19.91	19.31	51.6	50.9	56.7	55.1

格指数）を使用します。

　肥満度とは、文部科学省の「学校保健統計調査」の平均値などをもとに決められ、男女別・年齢別・身長別で算出される「標準体重」に対してどのくらい体重がオーバーしているかをパーセントで算出し判定するものです。

肥満度（%）　＝　100×（体重−標準体重）÷標準体重

±20% 以内…………標準体重　　　±20〜30% まで……軽度肥満

±30〜50% まで …中等度肥満　　＋50% 以上 …………高度肥満

　BMI は 1994（平成 6）年に WHO で定められた国際基準の肥満度を示す基準です。

BMI ＝体重 kg／（身長 (m)）^{2}

18.5 未満……低体重　18.5〜25 未満……普通体重　25 以上……肥満

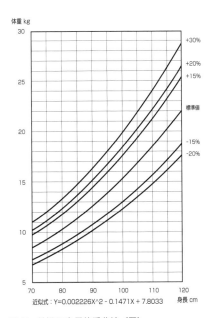
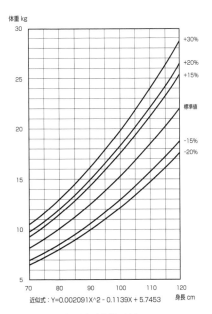

図2　幼児の身長体重曲線（男）
身長別の体重の値を2次曲線で近似した成績による
(厚生労働省　乳幼児身体発育調査　2010より引用)

図3　幼児の身長体重曲線（女）
身長別の体重の値を2次曲線で近似した成績による

　幼児期の太りすぎは、栄養バランスの不均衡をまねかないようにするため、食物摂取の制限をするよりも、運動実施による代謝を促進してエネルギー消費を高める方が重要です。児童期の肥満は、乳幼児期からの家庭の生活環境に影響を受けやすいので、乳幼児期から生活環境をチェックし、問題があれば改善を図っていく必要があります。このように肥満は乳幼児期・児童期に予防することが大切です。

3 体格の発育

新生児は頭が大きく、胴体や手足が短いのが特徴で、頭の大きさを1とした場合の身体全体の比率を見てみると、頭1に対して身体3の4頭身です。生後2歳ころになると胴体、特に手足が伸びて5頭身、6歳ころで6頭身、12歳ころで7頭身、成人して8頭身となります（図4）。このようにからだの発育は「頭部から下肢へ」、「体幹から末梢へ」という方向性があります（図5）。

特に、乳幼児期は頭が大きく（重く）、手足が短いので、重心が高い位置にあり、例えば、窓から頭・顔だけを出すと、頭の重さを手で支えられず、そのまま頭から落ちてしまうことがあるので注意する必要があります。

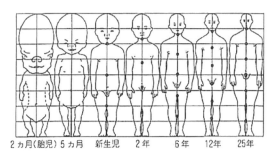

図4 成長にともなう身体のバランスの変化
（中野昭一「図説・からだの仕組みと働き」1982）

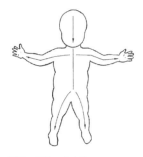

図5 発育の方向性
(Goodenough, 1959)

4 骨の発育

脊柱、胸部、体肢などの骨は置換骨（軟骨性骨）でできています。この骨は始めにやわらかい軟骨ができ、その軟骨の中に石灰質が沈着して硬い骨組織にかわっていきます。このような軟骨が硬い骨組織へと変化することを骨化（または化骨）と言います（図6）。乳幼児の手がやわらかいのは軟骨の骨化が発育途上にあるからであり、大人が使用する硬いボールの使用による運動や負担のかかる関節の動き、地面が硬い素材でできている場所での運動などは、からだへの過剰な負荷がかかる可能性が高まり、骨の健全な発育には向きません。

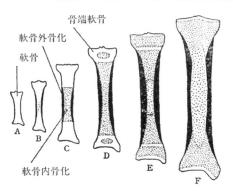

図6 骨の骨化と発育
（高石昌弘 からだの発達 1981 大修館書店 p.96 より引用）

また、乳幼児の骨折の原因は転倒・転落が多く、乳幼児の骨は成人に比べて非常にやわらかいので、成人のように"ボキン"と完全には折れず、ひびが入ったような骨折になったりします（若木骨折）。乳幼児の場合、正しく症状を訴えられなかったりするので、腫れていたり、泣いたり、手や足を使わなかったりした場合はすぐに受診することが重要です。

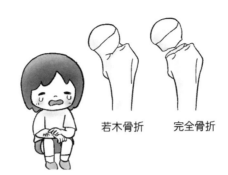

若木骨折　　完全骨折

5　歯の発育

　生後初めての歯を乳歯、乳歯が生えてくることを萌出(ほうしゅつ)といいます。歯は歯の基となる組織の集まりである歯胚が形成され、その後カルシウムやリンが沈着して石灰化して歯冠が作られて萌出します。生後6～8か月ころに乳歯が出始め、20～24か月に20本（上顎10本、下顎10本）の乳歯が全部萌出します。この乳歯の萌出する順序は決まっており、左右の歯はほぼ同時期に萌出しますが、上顎と下顎には順序があります。

　5～6歳ころから乳歯が抜けて、永久歯が萌出し始め、12～13歳ころで28本が全部萌出します。第三大臼歯（親知らず）は生え始めが遅かったり、生えなかったりするため永久歯は28本となります。永久歯も萌出する順序が決まっています。萌出期は良質なたんぱく質やカルシウム、リンが重要な栄養素となります。また、乳幼児期に口腔内を清潔に保つには、虫歯の原因となる糖質の摂取に気をつけたり、保育者や保護者による歯磨きや仕上げ磨きをしたりすることが重要です。

3　からだの機能的発達

1　呼吸・循環機能の発達

　呼吸は、肺に空気を送り、その中の肺胞が空気中の酸素を血管に取り込み、かわりに二酸化炭素を排出するガス交換をすることです。新生児の呼吸数は1分間あたり40～50回、乳児は30～40回、幼児は20～30回であり、成人の16～18回と比べると乳児が約2倍、幼児が約1.5倍になります。これは、肋骨や肋間筋、肺や呼吸筋が未発達なため、1回の呼吸量（肺活量）が成人より少ないので、少ない呼吸量を呼吸回数で補うことでより多くの酸素を取り込み、不必要な二酸化炭素を排出していることによります。新生児、乳児は腹式

呼吸ですが肋骨や肋間筋の発達によって、2歳ころに胸腹式呼吸になり、3〜4歳で胸式呼吸になります。

2 脈拍・血圧の発達

心臓や血流といった循環器系は、酸素や栄養分を全身に送り、かわりに二酸化炭素や老廃物を排出するという働きをしています。その指標である脈拍数は新生児が1分間に120〜140回、乳児が100〜120回、幼児が90〜100回であり、成人の60〜80回と比べると乳児が約1.5倍、幼児が約1.2〜1.3倍多いのが特徴です。これは、心臓や血管の機能が未発達であり、十分な血流量を確保する必要があるためです。

3 体温調節機能の発達

わきの下で測定する体温を腋窩（えきか）体温といいます。腋窩体温の平均は新生児が37.0〜37.5度、乳児が36.7〜37.0度、幼児が36.5〜37.0度であり、成人の36.3〜37.0度より乳幼児とも少し高いのが特徴です。これは、乳幼児が成人より体重あたりの食物摂取量が多く、代謝が盛んで、運動も活発だからです。幼児は消費熱量が成人の約2〜3倍と熱の生産が多いため、普段から成人より高めの体温を保っています。

子どもは、体温を一定に保つように調整する機能が10歳以降にならないと成人と同じ程度に達しません。また、体温調節機能や体表面積に対する循環機能の未発達、筋肉や体脂肪が薄いことから、乳幼児期の体温は、環境の影響を受けやすく、成人に比べて体温が変動しやすいのが特徴です。そのため、高温の場所に長くいると体温が上昇し脱水症状になりやすいので、暑い時期での水分補給が重要になります。

4 水分代謝機能の発達

乳幼児の体重あたりの1日の水分摂取量と排泄量は成人の約3倍です。また、からだから放出される水分のうち、尿と汗以外の皮膚や呼吸からの蒸発する水分を不感蒸泄（ふかんじょうせつ）と言いますが、それは成人の約2〜3倍になります。風邪や胃腸炎などで吐いたり、下痢をしたり、発熱したりすると体の水分が多量に排出し脱水症状を起こしてしまいます。また、乳幼児はのどの渇きを訴えられなかったり、1回の水分補給量が少なかったりもするので、こまめな水分補給が重要になります。

Ⅱ　運動発達

1　乳児期の運動発達

　新生児の運動には自動運動と原始反射があります。自動運動は内的刺激によって誘発される運動で、代表的なものに自発的微笑があげられます。原始反射は外的刺激によって誘発される生得的で無意識的な運動です。くちびるに触れたものを口にくわえようとする「口唇反射」、口にくわえたものを吸う「吸啜（きゅうてつ）反射」、手のひらに触れたものを握る「把握反射」などがあります。これらの運動は生後直後から現れ、生後2〜3か月ころから消失していきます。

　乳児期である生後2〜3か月ころになると、自分で制御できる意識的な随意運動ができるようになります。この運動は脳が筋肉に動きの命令を出して動くことができる運動です。生後2〜3か月ころに首がすわるとねがえりができるようになり、生後4か月ころに支えられて座ることができ、生後5か月ころに膝の上に座ることができるようになり、生後7〜8か月ころに一人で座ることができるようになります。生後9か月ころにつかまり立ちができ、生後10か月ころにはいはいができるようになります。生後1歳を過ぎると家具につかまって立ち上がったり、階段を四つん這いでのぼることができたり、一人で立てるようになったり、一人で歩くことができるようになったりします（図7）。その後、1歳6か月ころになると走ることができるようになります。

図7　乳幼児における移動運動の発達
(Shirley, 1951)

NOTE ▶

　また、手先の発達では、生後3〜4か月ころになると、見える物に手を伸ばす運動が始まります。生後5か月ころに、目に見えるものに手を伸ばして物に手がとどき、物を握るという把握運動が発達します（図8）。生後7か月ころに、物を手の平全体で握ることができるようになり（手掌把握）、生後9か月ころに、5本の指だけで握ることができるようになり（指先把握）、1歳を過ぎると親指と人差し指の2本だけで物を握ることができるようになります（ピンチ状把握）。

　この生後3〜5か月ころに見られる目に見えるものに手を伸ばして物に手がとどき、物を握るという運動を目と手の「協応動作」といいます。視覚から入った物の情報が脳に伝達され、その情報をもとに物に手を伸ばして握るという運動の命令が脳から手に伝達されて起こる運動です。

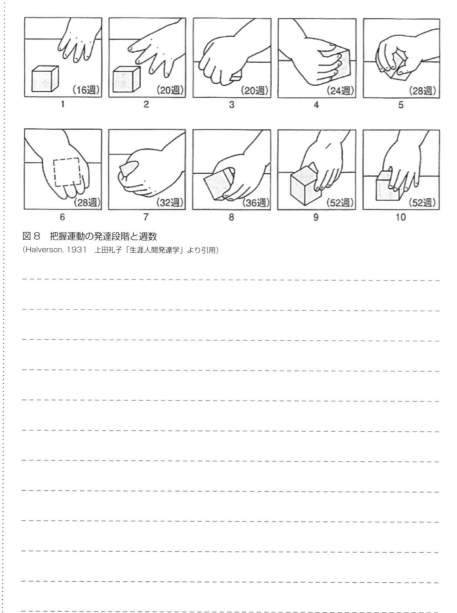

図8　把握運動の発達段階と週数
(Halverson, 1931　上田礼子「生涯人間発達学」より引用)

2 幼児期の運動発達

2歳ころになると、走る、のぼる、降りる、跳ぶ、蹴る、投げる、捕るなどの基礎的な運動が徐々にできるようになります。例えば、のぼるという運動では、1歳6か月ころに一段ごとに足をそろえて階段をのぼることができ、2歳3か月ころに足を交互に出して階段をのぼることができるようになります。

跳ぶという運動では、2歳ころに両足でピョンピョン跳ぶことができ、3歳8か月ころに片足ケンケン跳びができ、4歳4か月ころにスキップができるようになります（表2）。

蹴るという運動では、2歳ころに止まっているボールを蹴ることができるようになり、次は自分に転がってくる、動いているボールを蹴ることができるようなり、さらに走りながら動いているボールを蹴ることができるようになっていきます。このように発達過程にそって簡単な運動から複雑な運動ができるようになったり、いくつかの運動が組み合わさった運動ができるようになったりしていきます。

表2 遠城寺式・乳幼児分析的発達検査法

年：月　齢	移動運動
1：4〜1：5	走る
1：6〜1：8	ひとりで一段ごとに足をそろえながら階段をあがる
1：9〜1：11	ボールを前にける
2：0〜2：2	両足でぴょんぴょんとぶ
2：3〜2：5	足を交互に出して階段をあがる
2：6〜2：8	立ったままでくるっとまわる
2：9〜2：11	片足で2〜3秒立つ
3：0〜3：3	でんぐりがえしをする
3：4〜3：7	幅とび（両足をそろえて前にとぶ）
3：8〜3：11	片足で数秒とぶ
4：0〜4：3	ブランコに立ちのりしてこぐ
4：4〜4：7	スキップができる

遠城寺式・乳幼児分析的発達検査法（2017）より抜粋して引用

3 運動能力

運動能力は運動体力と運動コントロール能力に分けることができます（図9）。運動体力とは、筋力、敏捷性、瞬発力、持久力といった筋肉による出力のことをさします。一方、運動コントロール能力とは、感覚・知覚を手がかりにして運動を自分の思うようにコントロールする働きをさします（図10）。まず、運動しようとする時、自分のまわりがどうなっているかという環境情報を、感覚（主に視覚、聴覚、触覚）を使って脳が入手します（知覚）。その後、脳は入手された環境情報を分析して、その環境にどんな運動（動き）の命令が適しているかを判断します。そして、適した運動（動き）の命令を筋肉に伝達して運動ができるという仕組みです。

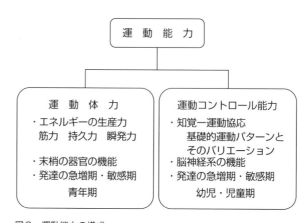

図9　運動能力の構成
（杉原隆・河邉貴子編　幼児期における運動発達と運動遊びの指導　2014　ミネルヴァ書房　p.8 より引用）

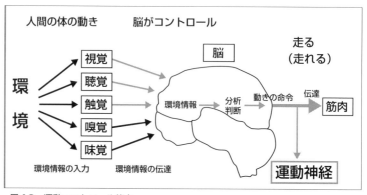

図10　運動コントロール能力

運動体力は筋肉等の末梢器官の働きであるため、筋肉、骨、呼吸器などが、50％くらいから100％（完成）に向かって発育する思春期・青年期（13歳〜20歳ころ）に顕著に発達します（p.15　スキャモンの発育曲線参照）。それに対して、運動コントロール能力は脳、脊髄、神経等の中枢神経の働きであるため、中枢神経が60％から90％くらい発育する幼児期・児童期初期（3歳〜6、7歳ころ）に顕著に発達します（p.15　スキャモンの発育曲線参照）。つまり、脳重量などの形態面の発育と感覚・知覚と運動の協応動作など機能面の発達が相互に関連する幼児期・児童期初期が、運動コントロール能力を向上させるのに最適な時期ということになります。

Ⅲ　運動発達を促進する運動指導

1　運動の多様化とバリエーション

　幼児期は運動コントロール能力を向上させるのに最適な時期です。そのため様々な動きを経験させる「運動の多様化」が重要であるため、これらの運動が経験できる運動遊びを行わせましょう。そうすることにより、運動遊びの環境の中で様々な環境情報を脳が入手し、それを分析・判断します。そして、脳は運動場面に応じた命令を筋肉に出すことができるようになるのです。

　また、単に動きを経験させるだけではなく、動きにバリエーションをつけることで、さらに運動の多様化は高まります。例えば、ボールを投げる運動の場合、近くの的に向かって投げるコントロール能力と、遠くの的に向かって投げるコントロール能力は異なります。何も持たずに走るのと重いものを持ちながら走ることも同様です。このように、運動の多様化を高めるために、基礎的な運動に手や足をどちらの方向に動かすかという空間的バリエーション、手や足をどのような順序やタイミングで動かすかという時間的バリエーション、手や足をどのくらいの力で動かすかという力量的バリエーションをつけることが効果的です。ボールを近くの的へ投げたり、遠くの的へ投げたり、低く投げたり、高く投げたり（空間的バリエーション）、速いボールを投げたり、遅いボールを投げたり、2個のボールを同時に投げ合ってキャッチボールをしたり（時間的バリエーション）、軽いボールを投げたり、重いボールを投げたり（力量的バリエーション）することでバリエーションが広がります。

　そのためには、様々な運動遊びの環境を設定することが必要になります。特に、子どもが「おもしろそうだな」、「楽しそうだな」、「やってみようかな」と思うような、

NOTE

多様な運動が経験できる教材の工夫も必要です。

　「幼稚園教育要領」、「保育所保育指針」、「認定こども園教育・保育要領」の領域「健康」の内容に、「いろいろな遊びの中で十分に体を動かす」という文言がありますが、この「いろいろな遊び」とは、このような運動の多様化とバリエーションが経験できる運動遊びのことを意味しています。

2　運動の洗練化

　運動が上手になっていき、無駄な動きや過剰な動きがなくなり、合理的で滑らかな動きができるようになることを「運動の洗練化」といいます。例えば、投げるときの投げ方の発達的変化のパターンを図11に示しました。①は1歳児に見られる投げ方で、ボールを投げる手の前腕だけを使って投げています。②は2歳児に見られる投げ方で、まず投げる前にボールを持った手を頭の後ろに動かして、いわゆる振りかぶる動作ができています。その後、肘を伸ばしながら腕を高く前に大きく振って投げています。③は3歳児の男児に見られる投げ方で、投げる前に上体・肩を回転させて上半身が右を向く動作ができており、その後、上体・肩の回転を使って投げています。ただし、女児は③のパターンにとどまってしまうことが多くなります。④と⑤は4〜5歳の男児に見られる投げ方で、④のパターンはボールを投げる手と同じ側の足を前に出して投げることができています。⑤のパターンはボールを投げる手と反対側の足を前に出して投げることができています。ここも女児は③・④のパターンにとどまることが多くなります。そして、男児は6歳になると⑤・⑥のパターンで投げることができるようになっていきます。⑥のパターンはボールを投げる手と反対の手の反動を使って投げることができています。

　このような運動発達の洗練化は、走る、跳ぶなどの運動でも認められており、幼児期は急速に運動コントロール能力が発達することを意味しています。さらに、運動の洗練化は運動の多様化と密接な関連があり、例えば、ボールを投げる、ボールを捕る、走りながらボールを捕る、ボールを捕ったらすばやく投げるといった一連の運動は、様々な運動経験をとおして組み合わさっていくものであり、簡単な動きから難しい動きへ、一つの動きを行ったらその動きに関連する動きへという運動経験が重要になってきます。

図11 幼児の投げる動作の発達
(宮丸凱史 運動・遊び・発達―運動できる子どもに育てる― 2011 学研教育みらい p.94 より引用)

　「幼稚園教育要領」、「保育所保育指針」、「認定こども園教育・保育要領」の領域「健康」の「ねらい」は「自分の体を十分に動かし、進んで運動しようとする」とあり、そのねらいを達成するために、「いろいろな遊びの中で十分に体を動かす」、「進んで戸外で遊ぶ」とことが「内容」で述べられています。そして「内容の取扱い」では、「十分に体を動かす気持ちよさを体験し、自ら体を動かそうとする意欲が育つようにする」、「様々な遊びの中で、幼児が興味や関心、能力に応じて全身を使って活動することにより、体を動かす楽しさを味わい、自分の体を大切にしようとする気持ちが育つようにする」、「多様な動きを経験する中で、体の動きを調整するようにする」と述べられており、乳幼児期の発育発達には運動することが必要不可欠であり、一生懸命運動したことによる充実感・満足感・達成感を味わわせ、子どもが自ら進んで運動しようとする意欲を育んでいくための指導が求められています。

（杉本　信）

第2章「からだの発達」のまとめ

1. 乳幼児のからだの発育についてまとめましょう。

2. 乳幼児のからだの発達についてまとめましょう。

3. 乳児期の運動発達の特徴についてまとめましょう。

4. 幼児期の運動発達の特徴についてまとめましょう。

5. 基礎的な運動にどのようなバリエーションをつけることができるか、具体的な運動遊びの例を出して考えてみましょう。
   ①空間的バリエーション

   ②時間的バリエーション

   ③力量的バリエーション

第3章
こころの発達

乳幼児期は、生涯をとおして最も発達が著しい時期であり、この時期の親や教育者からの関わり方が子どものこころの発達に多大な影響を及ぼします。では、この時期に「こころ」はどのように発達するのでしょうか。子どものこころを研究する分野では、人の一生をいくつかの期間（**発達段階**）に区切って、その期間に発達するこころの特徴をまとめています。そのため、これらの理論を「発達段階理論」と呼んでいます。これにより、人のこころの発達を概ね年齢別に把握でき、乳幼児の発達を支援する上でとても役に立っています。本章では、ピアジェとエリクソンの発達段階理論、コミュニケーションの基礎となる社会性の発達について理解を深めていきます。

> **NOTE**
>
> ●**発達段階**
> 人の一生を特徴的な発達が起こる時期ごとに区切った期間のこと
>
> ●**ピアジェ**
> スイスの発達心理学者、乳幼児期から青年期までの知能の発達に焦点を当てた理論を提唱した人物。
>
> ●**吸啜反射**
> 唇に触れたものを吸おうとする乳児期に見られる反射行動の一つ。

Ⅰ　ピアジェの発達理論

ピアジェ（Jean Piage 1896-1980）は、スイスの発達心理学者で、乳幼児期から青年期までの知能の発達に焦点を当てた理論を提唱しました。この理論では、子どもの発達を「感覚運動期（誕生～2歳）」「前操作期（2歳～6-7歳）」「具体的操作期（6-7歳～11-12歳）」「形式的操作期（11-12歳～）」に分けて説明をします。それでは、ピアジェの理論について見ていきましょう。

1　感覚運動期（誕生～2歳）：sensory-motor period

この時期の子どもは、言葉を理解することができないので、実際に自分の身体を使い、直接触れることによって体感的に外界を理解していきます。このような周囲の関わり合いの中から学習し自発的に対象に働きかけるようになるのです。例えば、新生児は口の近くにあるものであれば何でも吸おうとします（**吸啜反射**）が、モノの特性や感触、大きさに応じて、また、以前に吸ったことがあるものだとわかることによって自発的に吸い方を変化させるのです。このように身体的な感覚を頼りにして自発的に知能の基礎を身に付けていきます。また、この時期の前半（乳児期前半）では、自分が興味を持って遊んでいるモノが突然目の前から消えて見えなくなってしまった時に見えなくなったモノを探そうとはしませんが、この時期の後半（乳児期後半）では、

見えなくなったモノを懸命に探そうします。これは、子どもが「**モノの永続性**」（目に見えないモノでも確かにこの世界に存在しているという認識）を身に付けていることを示しています。このように、子どもは、自発的に外界に働きかけながら世界を見る認識（世界観）を発達させていきます。

2 前操作期（2歳〜6-7歳）：preoperational period

　この時期の子どもは、言葉を獲得しはじめ、こころの中でものごとをイメージすることができるようになります。これは、「**心的表象**」と呼ばれています。例えば、段ボールを電車に見立てて電車ごっこをすることや、落ち葉や木の枝を料理に見立てて、お料理ごっこをするなど「ごっこ遊び」（表象的遊び）ができるようになります。しかし、思考そのものは論理的ではなく一方的で直感的です。この時期の子どもは、複数の側面を同時に認識することができないのです。そのため、見かけが変化すると物理的な量も変化すると考えてしまいます。これは、「**数と量の保存概念の未発達**」とよばれます。例えば、10個の石を長い列にして並べると、短い列にして並べた場合よりも、数が多いと思ってしまうことがあります（図1）。また、全てのものに（無生物のものでも）意識や生命があると考えます。この思考は、「**アニミズム**」と呼ばれています。例えば、バッグを落としてしまった時に「バッグさんが痛がっている」といったり、落ちているキーホルダーを見て「雨に濡れてかわいそう」といったりすることがあります。これは、無生物のものに意識や生命があると認識している証拠です。さらに、「**自己中心性**」も、この時期の子どものこころの特徴の一つです。これは、他者の視点を理解することができないという特徴です。つまり、この時期の子どもは、自分の見ている世界を他者も同じように見ているという認識を持っています。この特徴は「三つ山課題」という課題によって明らかにされています。これは、三つの山を見せて他者の視点を理解しているかどうかを判定するための課題です（図2）。この時期の子どもの多くが、この課題を達成できないことが報告されています。

NOTE

● モノの永続性
目に見えないモノでも確かにこの世界に存在しているという認識のこと。

● 心的表象
心の中でものごとをイメージできること。

● 数と量の保存概念の未発達
見かけが変化すると物理的な量も変化すると考えてしまうこと。

● アニミズム
全てのものに（無生物のものでも）意識や生命があるという認識のこと。

● 自己中心性
自分の見ている世界を他者も同じように見ているという認識のこと。

NOTE

●脱中心化
社会性を発達させて、自己中心性の状態から、相手の存在に配慮して自分の行動をコントロールできるようになること

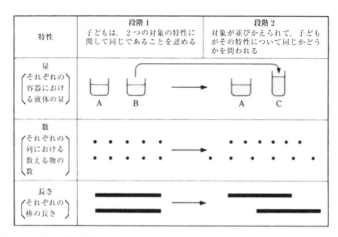

図1　ピアジェの保存課題
(出典：George, B. & Margaret, H. (1994) Principles Developmental Psycholog. UK: Lawrence Erlbaum Associates Ltd. 村井潤一監訳（2010）発達心理学の基本を学ぶ p202)

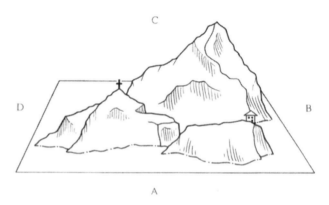

図2　三つ山課題
(出典：George, B. & Margaret, H. (1994) Principles Developmental Psycholog. UK: Lawrence Erlbaum Associates Ltd. 村井潤一監訳（2010）発達心理学の基本を学ぶ p204)

3　具体的操作期(6-7歳～11-12歳)：concrete operational period

　この時期の子どもは、具体的な場面や実際の課題において見かけに左右されない論理的な思考ができるようになります。これまで困難であった数と量の保存概念が獲得され、アニミズムもなくなっていきます。そのため、具体的であれば実際に目の前に存在していなくてもある程度の推論を行うことができます。また、数、量、長さ、重さ、体積、時間、空間などの科学的な基礎概念が獲得されます。さらに、社会性を発達させて自己中心性の状態から相手の存在に配慮して、自分の行動をコントロールできるようになります。これを「**脱中心化**」といいます。この時期には、子どもは社会性が発達するため、集団で遊ぶことが多くなってきます。就学前の友人関係は、機械的で継続性がない場合が多く、たまたま、遊び場に居合わせれば友人であり、その場を離れれば友人関係は消滅してしまいます。しかし、小学生くらいになると友人関係は固定化

してきて継続性のあるものになっていきます。この時に遊ぶ同性同世代の仲間との結束を「ギャング・エイジ」と呼び、この仲間との関係が社会性の発達に重要な役割を果たしています。

4 形式的操作期（11-12歳〜）：formal operational period

この時期の子どもは、目の前に具体的な対象がなくても「抽象的な思考」ができるようになります。例えば、「100円のリンゴを5個買うと500円払う必要がある」ということを実際に目の前にリンゴやお金がなくても理解できるようになります。また、「もし〜であれば、……である」という「**仮説演繹的推論**」を行うことができるようになります。仮説演繹的推論は、問題を解決するために様々な仮説を立てて解決方法を推測する方法です。私たちは、日常生活でこの推論を頻繁に利用しています。例えば、「自転車で公園に向かったら、15分で着くだろう」、「歩きで公園に向かったら30分はかかるだろう」などの予測を行うことは頻繁にあるでしょう。このように、ものごとの原因と結果を予測する推論の方法はこの時期に発達するのです。

NOTE

●仮説演繹的推論
問題を解決するために、様々な仮説を立てて解決方法を推測する方法のこと。

表1　ピアジェの発達段階理論

時期	年齢	こころの特徴
感覚運動期	誕生〜2歳	言葉が使用できないため、実際に自分の身体でふれることにより体感的に外界を理解する。周囲との関わりの中から基本的な行動様式をつくりあげて、意図的に対象に働きかける。「モノの永続性」（目に見えないモノでもこの世界に存在しているという認識）を身につける。
前操作期	2歳〜6-7歳	言語を獲得しイメージ（心的表象）ができ、ごっこ遊びができるようになる。しかし、自己中心性（他者の視点を理解できないこと）、アニミズム（無生物のものに意識や生命があるという認識）、数と量の保存概念の未発達（見かけが変化すると物理的な量も変化するという誤った認識）が存在する。
具体的操作期	6-7歳〜11-12歳	具体的な場面や課題で見かけに左右されない論理的な思考ができるようになる。これまで未発達であった数と量の保存概念が獲得され、アニミズムもなくなっていく。社会性を発達させ「脱中心化」（自己中心性の状態から相手の存在に配慮して自分の行動を調整できるようになること）が起こる。
形式的操作期	11-12歳〜	目の前に具体的な対象がなくても「抽象的な思考」ができるようになる。また、与えられたモノについて全ての組み合わせを考慮する「組み合わせによる推論」ができるようになる。「もし〜であれば、○○○である」という「仮説演繹的推論」を行うことができるようになる。

（Piaget, J.：谷村覚，浜田寿美男訳　1978　知能の誕生を参考に筆者作成）

Ⅱ　エリクソンの発達段階理論

エリクソン（Erik Homburger Erikson 1902-1994）は、アメリカの発達心理学者で、人の一生を八つの発達段階に分類して説明しました。エリクソンは、八つの発達段階で獲得する必要のある特徴（発達課題）を設定し、発達課題を身に付けることが健全な発達に重要であることを示しました。ここでは、八つの段階の中から「乳児期」～「児童期」までの段階を説明します。

1　乳児期（0歳～1歳半・2歳）

人の赤ちゃんは、他の動物に比べて1年近く早く生まれてくるという「**生理的早産**」という特徴を持っています。歩くまでに1年近くかかり基本的に一人では生活できない存在です。そのため、赤ちゃんは他者からの援助を一方的に受け取る存在として認識される傾向があります。しかし、実際には赤ちゃんは生まれた時から自発的に外界に働きかけています。それは、生まれながらにして人間に対する興味を持っているからです。生後3日の赤ちゃんでさえ、単純な「モノ」の絵よりも、「ヒト」の顔の絵を好んで見ます。つまり、学習の経験がないのに人の顔に興味を示すのです。この特徴によって、赤ちゃんは母親を見て微笑したり、泣いたりして親とのコミュニケーションを図ろうとするのです。そうすると、母親はミルクを与えたり、あやしたりします。こうした母親と赤ちゃんの相互関係の中で、赤ちゃんは自分と母親との繋がりを学んでいきます。このやりとりで育まれるのが、「**基本的信頼感**」です。基本的信頼感とは、自分は周囲に守られている存在で、自分は安全な状況に存在しているという周囲への信頼感です。適切な相互作用は、基本的信頼感を高めていきます。しかし、子どもが周囲に対して信頼を持つことができないと基本的信頼感を育むことができず、「不信感」を育んでしまいます。この時期の基本的信頼感の獲得は、子どもの親離れをスムーズにし、後の全ての人間関係を構築する基礎ともなります。そのため、この時期の赤ちゃんの行動をしっかり受け止めて対応するという周囲の大人の姿勢と働きかけが重要となります。

NOTE

●エリクソン
アメリカの発達心理学で、人の一生を八つの発達段階に分類し、人間の一生を「ライフサイクル」という言葉で表現した理論を提唱した人物。

●生理的早産
他の動物に比べて歩くまでにかなり長い時間（約1年）かかり、基本的に1人ではほとんど何もできないという人間特有の特徴のこと。

●基本的信頼感
自分は周囲に守られている存在で、自分は安全な状況に存在しているという周囲への信頼感のこと。

2　幼児期前期（1歳～3歳）

　子どもは、少しずつ自分の身体を自由に動かすことができコントロールできるようになってきます。その第一歩が、「**トイレット・トレーニング**」です。これは、排泄を我慢することや適切な場所で排泄を行えるようになることです。このような経験を通して、これまで親にいわれるままにしていた赤ちゃんが、自分の意思で何でも自分でやりたいという「自立性」が発達してきます。しかし、全てのことがうまくいくわけではありません。排泄を我慢しきれずに、お漏らしをしてしまい「恥」を感じることや、自分でコントロールできると感じていた身体がコントロールできないという「疑惑」を感じ、数多くの失敗体験をします。このように、幼児期前期の子どもは、「自立性」と「恥・疑惑」の間で葛藤をします。そのため、この時期には、子どもが上手にできないからといって、子どもにやらせなかったり、叱りつけたりしすぎると、子どもが自分から進んでやってみようという気持ちを低めてしまいます。周りの大人は、子どものチャレンジ精神を尊重し、過度な失敗を積ませないように配慮して、自立性を育てることが重要となります。

●トイレット・トレーニング
排泄を我慢することや適切な場所で排泄を行うことができるようになること。

3　幼児期後期（3歳～6歳）

　この時期の子どもは、幼稚園や保育所の入園など集団生活を経験します。多くの子どもたちが慣れ親しんだ家庭から、親以外の大人や同年代の子どものいる集団へと入っていきます。行動範囲も広がり、他者と積極的に遊ぶことをとおして、今まで以上に自分自身で目標や計画を立てて、楽しいと感じることを何でもやってみたいという「自発性」が芽生えてきます。しかし、集団遊びをする中で、自分の思うようにならないことも体験します。自分の意思とは異なることをやらなければならなくなり、仲間と衝突してけんかになったりします。その結果、子どもは叱られて「罪悪感」を感じます。幼児期後期の子どもは、集団内での他者との関わりで自分の気持ちをコントロールすることや他者に配慮することを徐々に学んでいきます。そのため、周囲の大人は、子どもの知的好奇心を大切にしながら積極的な行動を見守っていく一方で、常識的に見て相応しくない行動に対しては相応しくないということを子どもにしっかりと伝える姿勢が求められます。

4 学童期（6歳〜12歳）

> **NOTE**
>
> ●有能感
> 自分はできるという感覚のこと。
>
> ●劣等感
> 自分は他者よりも劣っているという感覚のこと。

　この時期の子どもは、小学校入学を経て学校生活を送るようになります。教師や同世代の仲間と過ごす中で、自分の目標を成し遂げることに喜びを見いだす「勤勉性」を身につけます。学校では、読み、書き、計算、からだを動かすなど多様な学びを行います。そこで、子どもが成功体験を積むことがとても重要です。この時期には、成功体験を積み重ねることで、自分はできるという感覚（**有能感**）を身に付けていきます。有能感は、自ら積極的に行動をする上で重要なこころのエネルギーとなります。しかしながら、注意も必要です。この時期の子どもは、他者の能力と自分の能力の比較が可能になることや、学校から成績という形で学習の達成状況を評価されることで、自分の苦手なことがらに対して「**劣等感**」を感じるようになります。自分の能力を客観的に評価できるということは、発達において重要な課題の一つですが、過度に苦手意識を育むことは有益ではありません。そのため、周囲の大人は子どもの取り組みに対して、成功体験と失敗経験のバランスをとってあげることが重要となってきます。

表2　エリクソンの発達段階理論

段階	時期	心理的危機	重要な対人関係	特徴
1	乳児期 （0〜1歳）	基本的信頼 対 不信感	母親や その代理者	基本的信頼（自分は周囲に守られており、安全な状況に存在するという周囲への信頼感）が育まれる。しかし、うまく育まれない場合には、不信感を育んでしまう。
2	幼児期前期 （1〜3歳）	自立性 対 恥、疑惑	両親	自立性（自分の意思で自分をコントロールすること）が育まれる。しかし、うまく育まれない場合には、親のしつけなどから恥や疑惑を感じる。
3	幼児期後期 （3〜6歳）	自発性 対 罪悪感	基本的家族	自発性（自分で目標や計画を立てて実行すること）が育まれる。しかし、自分の計画を集団の中で通そうとするあまり衝突を起こす。その際に周囲の大人が怒りすぎると罪悪感を抱いてしまう。
4	児童期 （6〜12歳）	勤勉性 対 劣等感	近隣の コミュニティ や学校	勤勉性（自分が自分の目標に挑戦して、それを成し遂げることに喜びを見いだすこと）が育まれる。しかし、うまく育まれない場合には、劣等感を抱いてしまう。
5	青年期	同一性 対 同一性拡散	仲間集団と 外集団の指導性 のモデル	同一性（自分は何者であるかという疑問に答えを見つけていくこと）が育まれる。しかし、うまく育まれない場合には、同一性が定まらない拡散した状態になってしまう。
6	成人期前期	親密性 対 孤立	友人、恋愛、 競争、協力の相手	親密性（他の人を友人として、恋愛対象、競争、協力の相手として心理的に親密な関係になること）が育まれる。しかし、うまく育まれない場合には、孤立を感じてしまう。
7	成人期後期	生殖性 対 停滞性	役割を分担する 労働と役割を 共有する家庭	生殖性（次の世代の者を育て世話をするということ）が育まれる。しかし、うまく育まれない場合には、自己満足に終わってしまい、結果的に停滞を生じてしまう。
8	老年期	統合 対 絶望	人類	統合（自分の唯一の人生を自分のあるべき姿として受け入れていくこと）が育まれる。しかし、うまく育まれない場合には、死ぬことへの絶望を感じてしまう。

（Erikson, E. H.：西平直, 中島由恵．2011　アイデンティティとライフサイクルを参考に筆者作成）

Ⅲ 社会性の発達

1 愛着(アタッチメント)

　乳児期の子どもは、親の顔を見つめて微笑み声を出したりします。**ボールビィ**(Bourlby 1907-1990)は、親子の情緒的な絆を「**愛着**」(**アタッチメント**)と呼び、この愛着を形成するために子どもが母親を求める行動を「**愛着行動**」と呼びました。この愛着は、新生児期に母親と子どもとの相互関係のなかで形成されます。新生児は、親の顔を見つめて、泣いたり、笑ったりしながら、世話をしてくれる人に働きかけます。子どもの微笑みに対して笑顔で応じて、抱き上げ、泣いた時にはミルクを与え、おしめを替えてくれる母親を、子どもは、他者とは異なる「特別な人間としての母親」として区別していきます。そして、特別な人間としての母親に対して、特別なまなざしを送り、母親からの働きかけ(マザリング)を引き出すのです。

　その後、6〜8ヶ月ころには、子どもは「**人見知り**」(8ヶ月不安ともいわれる)を示すようになります。これは、子どもが重要な母親から離れると不安を感じるために起こる現象です。つまり、他の者と母親を区別できるようになると人見知りが生じるようになるのです。そのため、人見知りの出現は、母子関係が健全に発達している証拠になります。ボールビィの示した親子の情緒的な絆(愛着)は、親と子の相互関係の中で育まれ、エリクソンの提唱した「基本的信頼感」を獲得することに役立つと考えられています。そして、この「基本的信頼感」が、その後の子どもの親からの分離を滞りなく進めていく基盤になります。母親(あるいはその代理者)は、子どもに十分な安心感を与えて基本的信頼感を築いていくことが、この時期に求められる役割といえるでしょう。

NOTE

●ボールビィ
イギリスの医師・精神分析家で母子間の「絆」研究の第一人者であり、愛着理論を提唱した人物。

●愛着(アタッチメント)
親子の間で育まれる情緒的な絆(心理的な結びつき)のこと。

●愛着行動
愛着を形成するために子どもが母親を求める行動のこと。

●人見知り(8ヶ月不安)
子どもが母親から離れると不安を感じるから起こる現象のこと。

2 心の理論

子どもたちは、友達が困っている時や泣いている時に、その子の気持ちを理解し、慰めたり、手を差し伸べたりします。この能力は「**共感性**」と呼ばれています。この共感性の発達の基盤になるのが「**心の理論**」です。「**心の理論**」とは、他者に自分とは異なるこころが存在していることを理解す
る能力です。この能力は、自分の思っていることと、友達の思っていることが異なるということを認識するための基礎になっています。他者との人間関係を円滑に行うためには、この能力の発達は不可欠なものとなります。子どもたちは、親や先生、友達などとの人間関係を通して少しずつ、この能力を高めていくのです。

幼児期の「心の理論」の発達を確かめるために、最も良く用いられているのが「誤った信念課題（false belief task）」です。これまでに数多くの種類の課題が開発されてきましたが、基本的には、ある人物が思い違いをしている内容を推測することを求める課題です。ここでは、代表的なものとしてサリーとアン課題を紹介します。まず、図3に示すようなお話しを子どもに聞かせます。このお話しは次のようになっています。

まず、サリーとアンがいます。サリーはカゴを持っていて、アンは箱を持っています。サリーはビー玉を持っていました。そのビー玉を自分のカゴの中に入れました。その後、サリーは外に散歩に出かけていきました。アンは、サリーが外に散歩に出かけている間に、サリーのビー玉をカゴから取り出すと、自分の箱の中に入れました。サリーは散歩から帰ってきました。サリーは、自分のビー玉で遊びたいと思いました。サリーがビー玉を探すのはカゴの中と箱の中のどちらでしょうか。

このお話の質問に対する正解は、「カゴの中」です。しかし、3歳児ではこの質問に対して実際にビー玉が存在する「箱」と回答する者が多くいます。一方、4歳児ではこの課題に正解する者が数多く出てきます。この課題に正解するためには、サリーに自分とは異なるこころの状態が存在することを理解する必要があります。この課題に正解できないということは他者のこころと自分のこころが分離できておらず、自分の感じたままのこころをサリーも感じていると認識していることになります。これまでの報告では、「心の理論課題」を通過するのは、概ね3歳〜4歳くらいと考えられています。つまり、少なくとも3歳〜4歳では、子どもは他者に自分とは異なるこころが存在していることを理解しているのです。しかしながら、これは、子どもが3歳〜4歳になるまで、

NOTE ▶

●共感性
他者の気持ちを理解して、適切に振る舞うことのできる能力のこと。例えば、友達が困っている時や泣いている時に、その子の気持ちを理解し、慰めたり、手を差し伸べたりできること。

●心の理論
他者に自分とは異なるこころが存在していることを理解する能力のこと。こる時期ごとに区切った期間のこと

自分とは異なる他者のこころの存在を理解できないということではありません。最近では、3歳以前に他者の気持ちに配慮する行動が見られるということが報告されています。そのため、3歳以前に子どもたちは自分とは異なる他者のこころの存在を理解している可能性があるのです。

(川田　裕次郎)

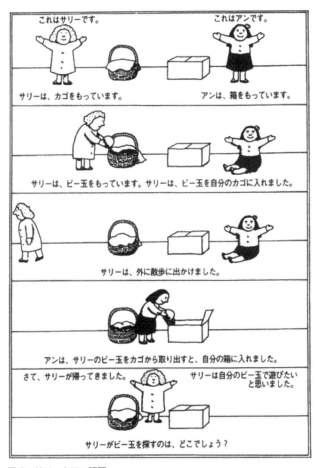

図3　サリーとアン課題
出典：Frith, U. (2003) Autism: Explaining the Enigma Second Edition. UK: Blackwell Ltd. 冨田真紀・清水康夫（訳）(2009) 新訂自閉症の謎を解き明かす　東京書籍の図5.1 (p.162) より引用

第3章「子どものこころの発達」のまとめ

1. 実習やボランティアで出会った子どもたちは、「ピアジェの発達段階」のどの時期に分類できますか。具体的な例を挙げて説明してみましょう。

2. 実習やボランティアで出会った子どもたちは、「エリクソンの発達段階」のどの時期に分類できますか。具体的な例を挙げて説明してみましょう。

3. 保育者として、子どもの社会性を発達させるために、どのようなことができるでしょうか。具体的な例を挙げて説明してみましょう。

保育者として子どもを育むために

休息の取り方について①

　からだを使うと疲労物質の蓄積や筋断裂などによる筋疲労が起こります。これらの疲労の回復方法には、主に時間をかけて疲労回復を行う消極的休養（ネガティブレスト：negative rest）と積極的に動いて疲労回復させる方法の積極的休養（アクティブレスト：active rest）があります。積極的休養と消極的休養のどちらの休養を取るかの判断基準として、朝起きた時の心拍数を測ることがあります。普段より高い心拍数が測定された場合はかなり疲労が蓄積されているということになります。その際は消極的休養が優先されます。

○**消極的休養（ネガティヴ レスト：negative rest）**

　一番の消極的休養は睡眠です。質のよい睡眠をとることが疲労回復に繋がります。睡眠時間は、人によって大きく短時間や長時間に分けられます。自分に合った一定の時間を確保します。睡眠の質に関しては、レム睡眠とノンレム睡眠の90分サイクルを考慮し就寝前の脳が覚醒する作業や刺激を避けるのが良いでしょう。また起床は脳が覚醒できる朝日（電灯）を浴びることがよいとされています。寝る体勢は枕を調節（図1）して、頭に血流がたまりすぎたり、血行が悪くならない位置にします。足元は暖かくなるような素材で足を包みこむような物を使用して、足から熱を出さないようにすると良い睡眠の確保に繋がります。

　もう一つの消極的休養は、入浴やマッサージ受けることなどです。入浴は半身浴がよい睡眠を得られると言われています。湯船に入ることだけでも水圧によるマッサージ効果や深部を温めることで新陳代謝が盛んになるので、シャワーだけでなく湯船での入浴を行い消極的休養に努めるようにしましょう。マッサージは本格的なものでなくても簡易的なセルフマッサージによるものでも消極的休養の効果は期待できます。手などで腹部や肌を刺激するだけで神経伝達物質のセロトニン（睡眠や食欲に大きな影響与え、ストレスによるイライラを抑える）の効果が現れます。

（大塚　正美）

図1

第４章 子どもにとって遊びとは

本章では子どもはなぜ遊ぶのか、子どもたちは遊びからどのようなことを学んでいるのか、そして幼児教育・保育はなぜ子どもたちの遊びを大切にしているのかについて学びます。始めに、遊びとは何かについて理解し、次いで遊びを「内発的に動機づけられた活動」と捉える視点から、子どもの主体的な遊びとは何かを考えます。さらに、実際に遊びを展開させる際の子どもとの関わりの留意点についても学びます。

I　子どもと遊び

1　遊びとは何か

みなさんは子どもの時はどのような遊びをしましたか。（ワークシート１）

近所の友達と遊ぶことが多かった人、お兄ちゃん、お姉ちゃんについて行って一緒に遊んだ人、外で遊ぶよりも家の中で遊ぶことが多かった人、みなさん一人ひとり違った遊びの記憶があると思います。では、子どもにとって遊びとはどういったものでしょうか。保育用語辞典には「遊びは広義には生産性のある労働の対極に置かれ、非生産的なものと理解され、おとなにとっては労働の報酬としての意味づけがされていった」とあります。

実際に子どもたちを見ていると、どこでも、どんな時でも遊びたがります。つまり子どもにとっては睡眠時間以外のすべての活動が遊びであり、「遊びは子どもの生活の本質」といえるでしょう。

また、子どもの遊びを理解する上で、「アニマシオン」という視点は大いに示唆的です。「アニマシオン」とはラテン語で魂を意味する「アニマ」という言葉に起源を持ち、英語では「アニメーション」と訳される言葉で、「アニマ（＝魂）」を活気づけ、活性化することを意味する言葉です。そして、「知識や技術を子どもたちに伝える教育活動だけではなく、子どもたちが、イキイキ（ハラハラ・ワクワク・ドキドキ・ウキウキ）と精神を躍動させながら、自分の内なる魂を活性化させながら育っていく」（増山，2004）という「アニマシオン」が子どもの発育・発達に大切だということです。

例えば、鬼ごっこを考えてみましょう。鬼ごっこの楽しさは、鬼に捕まるか、逃げられるか、逃げる子を捕まえることができるか、という「ハラハラ」「ドキドキ」というスリルが醍醐味です。

（安倍大輔、杉本　信）

2　なぜ遊びが大切なのか

　2017（平成29）年に改定された「幼稚園教育要領」の「第1章　総則・第1 幼児教育の基本」では子どもの自発的な活動としての遊びは、心とからだのバランスの取れた発達のために重要な学習でもあると述べています。また「第2章ねらい及び内容」の「健康」の「内容」に「(2) いろいろな遊びの中で十分に体を動かす」、「(3) 進んで戸外で遊ぶ」、「内容の取扱い」に「(2) 様々な遊びの中で、幼児が興味や関心、能力に応じて全身を使って活動することにより、からだを動かす楽しさを味わい、自分のからだを大切にしようとする気持ちが育つようにすること」とあり、遊ぶことの必要性や意義が書かれています。

　乳幼児期には遊びが大切であり、遊ぶことによって様々な環境との直接経験からいろいろな知識、能力、技能、態度を身に付けることができるという遊びの有用性が認められている反面、「遊んでばかりいないで勉強しなさい」とか「幼稚園を卒園するまでに逆上がりができるようにしてください」などの保護者からの要望の声を聞くことがあります。前者は、遊びを肯定的に捉えている認識に対して、後者は、遊びを勉強とは対極のものと考えて良くないものと捉えたり、乳幼児期の発達過程に不釣り合いな過度な能力を身に付けさせようとしたりすることに主眼が置かれています。では、前述したような遊びの概念から考えた場合、子どもにとって遊びとは何でしょうか。

　遊びをすることによって何かを身に付けようとする遊びは、「遊び手段論」といっていいでしょう。運動遊びをすれば身体的機能、運動能力が向上する、集団遊びをすれば社会性や道徳性が養われる、造形遊びや表現遊びをすれば創造力が培われるなど、遊びを学ぶことの手段として位置づけています。この考え方は、遊びの有用性から見れば、遊びを肯定的に捉えています。それに対して、それぞれの遊びが持つ独自の楽しさ、醍醐味、魅力、スリルなどを味わう、遊び自体を目的に行う遊びは、遊び目的論といっていいでしょう。

　遊びは自由で自発的な活動であり、活動自体を目的に行い、夢中になったり没頭したりできる活動であるという考え方です。ただし、この考え方は「遊びをすることで一体何が身に付くのか」という遊びの有用性の観点からすると、遊びを否定的に捉えることになります。

　では、幼児教育・保育は、なぜ遊びを重視するのでしょうか。そもそも子どもは、何かを身に付けるために遊んでいるわけではありません。好奇心にもとづいた自分の興味や関心があることを見たり聞いたりする中で「楽しそうだな」、「面白そうだな」、「やってみようかな」、「真似してみようかな」などと思い、

NOTE ▶

実際にやってみたり、真似してみたり、うまくいかないときは自分なりに工夫してみたりして、自分の思いどおりにできると充実感や満足感を味わうことができるから子どもは遊びます。遊びの原動力は人間が生得的に持っている好奇欲求であり、その好奇心が遊びによって満たされ、充実感や満足感を味わうことになります。もう一つは、探究心が遊びの原動力になります。「何でこうなるのだろう」「何でうまくいかないのだろう」「何で思うようにできないのだろう」などの疑問がわき、その疑問を解決するために「こうやってみたらどうかな」「ここはこういうふうにすると上手くいくかな」など、自分なりに考えたり、工夫したり、試行錯誤したりして、うまくいったり、自分の思うようにできると充実感、満足感、達成感が得られます。このように遊ぶことによって、子どもの心情、意欲、態度が育ち、学びに向かう力を身に付けていきます。遊びの結果として様々な知識や能力を身に付けているにすぎません。子どもは、何かを身に付けたいから遊ぶのではなく、遊びたいから遊ぶのです。

Ⅱ　子どもの主体性と遊び

前節では子どもは「遊びたいから遊ぶ」と述べましたが、それは「動機づけ」が関係します。動機づけには外発的動機づけと内発的動機づけの二つがあります（図1）。外発的動機づけとは、ある行動の目的が外的報酬を得る（あるいは外的罰を避ける）ための手段になっている動機づけのことをいいます。例えば、先生にほめられたいから先生の前でなわとびの前跳びをする場合が外発的動機づけです。つまり、先生にほめられることが外的報酬となっており、先生にほめられることが前跳びをする目的になっており、前跳びをすることがほめられるための手段になっています。これに対して内発的動機づけとは、ある行動の目的がその行動をすること自体に置かれている動機づけのことをいいます。その時、その行動そのものが持っている魅力、スリル、醍醐味、楽しさ、

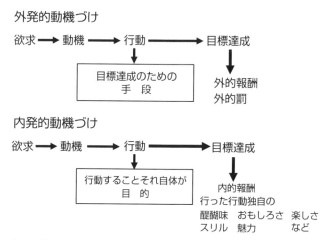

図1　外発的動機づけと内発的動機づけ

面白さなどが内的報酬として味わえます。例えば、なわとびの前跳びをすること自体の楽しさ、面白さ、醍醐味を味わいたいから前跳びをする場合が内発的動機づけです。つまり、なわとびの前跳びをすることでしか味わえない前跳び独自の楽しさ、面白さがあり、ほかの活動ではかえることができない内的報酬を味わえることになります。

　内発的動機づけで行われる行動は自己目的的であり、行動の内的報酬を味わうためには「自己決定と有能さの認知を追及する」必要があります。「自己決定の認知」とは、「自分の行動は自分で決めることができた」という自己決定感を味わうことです。つまり、先生からいわれてなわとびの前跳びをするのではなく、「なわとびの前跳びが楽しそうだから、面白そうだからやってみよう」と自分で決めて、自分のやりたいように前跳びをすることで自己決定感が味わえます。このように自己決定的に行動することで積極性や自発性が発揮され、その行動の持つ独自の内的報酬を味わえるようになります。

　「有能さの認知」とは、「自分が一生懸命努力して何かをやりとげた」とか「以前できなかったことができるようになった」などのように自分の能力が発揮できたり向上したりしたときに感じる楽しさやおもしろさのことをいいます。

　このように子どもが、①自分のやりたい遊びを、②自分のやりたいように、③自分の頭で考え工夫し、④挑戦して一生懸命取り組み、⑤持てる力を最大限発揮して、遊ぶことで自己決定感・有能感を味わうことができ、遊びが自由で自発的で自己目的的な活動になっていきます。例えば、まわりの友だちが楽しそうになわとびの前跳びをしている様子を見て「面白そうだからやってみよ」となわとびを始めます。しかし、最初はなかなか自分の思うようになわが回せません。そこでなわを回すにはどうしたらいいか自分で考え、いろいろなやり方でからだを動かしながら徐々に自分の思うようになわが回せるようになり、なわの動きをよく見てタイミングよくなわを跳んだときに「やった〜、できた」という自己決定感と有能感を味わえます。このように、初めはできなくても自分なりに一生懸命考え、試行錯誤しながら、自分の思いどおりにできるようになっていくという過程が重要であり、それが内発的動機づけとしての遊びということになります。

　では、「子どもが主体になって遊ぶ」とか「主体的な遊び」とはどのようなものでしょうか。子どもの遊びの原動力は好奇心や探究心、子どもの興味・関心です。そして遊ぶことによって、内的報酬が得られて満足しまたやってみよう（遊んでみよう）となります。つまり、好奇心や探究心を満足させたりすることが重要であり、「やりたい」、「やってみたい」、「こうしてみよう」という欲求を満たそうとする行動が遊びなのです。そして主体的とは内発的動機づけのことであり、自発的、能動的、自己目的的、自己決定的に遊ぶことで主体性が発揮されることになります。自発的であっても手段的な遊び、受身でやらされる遊びでは主体的になりません。遊びには正解・不正解はありません。結果ではなく過程が大事です。そして遊びはそのような体験ができる要素を持っています。

NOTE ▶

●関係性欲求
周囲の社会と結びついている
という安心を感じたい、情緒
的に個人的な繋がりを求めた
いという欲求。

Ⅲ　遊びの指導の留意点

1　関係性欲求を満足させる

　子どもが主体性を発揮するには、安定感をもって遊ぶことが必要です。「幼稚園教育要領」の第2章ねらい及び内容の「健康」の内容に「先生や友達と触れ合い、安定感をもって行動する」とあります。このことは、保育者が子どもと一緒に遊ぶ中で、保育者が子どもの気持ちを受容し、共感することで、子どもが自分のことを見ていてくれる、わかってくれている、認めてくれているという保育者への関係性欲求が充足され、重要な他者からの受容感を感じることで安定感をもって遊ぶことができるようになることを意味しています。**関係性欲求**が満たされることで、子どもは安心して遊ぶことができるので、自分のやりたいように遊ぶことができたり、自分の頭で考え工夫したり、挑戦して一生懸命取り組んだり、持てる力を最大限発揮することができ、自己決定感や有能感を味わうことができるようになります。

2　自己決定的に遊ぶ

　子どもの遊びは内発的動機づけで遊んでいることが大切です。内発的動機づけで遊ぶためには、自己の意思決定で行わせることが重要です。どの程度、子どもが自己決定的に遊んでいるかが、内発的動機づけとしての遊びの目安になります。遊びたいことを自分（自分たち）で決めて、自分（自分たち）で思うように遊んで、遊び方や遊びのルールを自分（自分たち）で決め、遊びのアイディアや工夫を自分（自分たち）で出して（出し合って）遊ぶことです。そうすることで挑戦したり、自分の力を発揮したりしてやり遂げたり、できるようになったり、自分の力が向上して有能感を味わうことができます。そのことが自分に対する自信を得ることになり、自己肯定感が育まれ、自分の存在感を自分で認めていくという気持ちの形成につながっていきます。

　その時、保育者は子どもが自分たちでつくったり、関わったり、探索したり、挑戦できるような環境設定が必要です。また、保育指導の形態に配慮することが必要になります。自己決定からみた指導形態の例を表1に示しました。遊びA〜指示型の六つの指導形態があり、上の指導形態ほど子どもの自己決定の要素が高くなります。それぞれの指導形態別に子どもの自己決定が異なるのはもちろんですが、同じ指導形態であっても保育者の関わり方、教材の準備の仕方、環境設定によって、子どもの自己決定の度合いがかわってきます。つまり、どの程度子どもが自己決定的に遊べるかを見極める必要があります。例えば、混合B型は子どもが同じ活動をしますが、その中で、どの程度子どもが自己決定的にできるのか、保育者の指示や援助がどのくらいあるのかによって、

子どもの自己決定の程度がかわってしまいます。つまり、保育者は指示することを極力少なくし、子どもを見守ったり、子どもが一緒にやってみたくなるようなモデルになったり、ほめたり励ましたりして子どもが自分の力を使って遊びが深まっていくような援助をしながら、子どもの自己決定が尊重される指導形態を取り入れていく必要があります。

表1 子どもの自己決定からみた運動指導形態の一例

遊びA型	指導者は子どもに経験させたい活動が生じるよう、施設用具などの環境を用意するが、ほとんど一日中、行う活動は子どもが自由に決める
遊びB型	指導者は施設用具などの環境を用意し、時間や場所を指定するが、行う活動は子どもが自由に決める 例：自由に活動できる時間を設ける 　　公園へ連れ出したり、今日はみんなお外で遊ぼうというように場所を指定
混合A型	指導者が活動をいくつか提案して子どもに選択させ、活動の仕方は子どもが自由に決める 例：アスレチックか縄跳びかボールで自由に遊ぶ
混合B型	指導者が子どもの活動を一つ決めるが、活動の仕方は子どもが自由に決める 例：アスレチックを使って活動するが、やり方は子どもが自由に決める
混合C型	指導者が子どもの活動をいくつか提案して子どもに選択させるが、指導者が活動の仕方を決める 例：アスレチックでは動きが、縄跳びでは跳び方が、ドッジボールではルールなどが指導者によって指示される
指示型	指導者が子どもの活動を全て決め、指導者の指示によって活動を行わせる 指導者が決めた運動の仕方やルールなどを説明したり師範したりし、子どもは指導者の指示どおりに運動をする

（注）子どもの状態や経験させたい活動を考慮して、適切な指導形態を選択し、できるだけ遊び型に移行していくようにする。

3 ほめることの意義

　保育者は子どもたちと一緒に遊びながらほめることが大切です。そのとき「よくできたね」、「すごいね」、「上手だね」だけでなく、その子の遊びのどこが「よくできたのか」、どこが「すごい」のか、どこが「上手にできた」のかを具体的にほめることが重要になります。その際に、子どもの気持ちに共感してほめる、子どもが自分の遊びの何を、どこをほめてほしいのかを察知し、子どもの気持ちに寄り添ってほめることが必要になります。

　ただし、ほめる時には子どもの先生にほめられたい、承認欲求が満たされたい、という気持ちを受け止めつつ、安定感をもって遊ぶ中で、「上手にできた」、「挑戦した」という有能感が味わえるようにほめることを意識しましょう。

　つまり「できたね」、「上手だね」と単に遊びの結果をほめるのではなく、「なぜできたのか」、「なぜ上手だったのか」という遊びの過程にも焦点をあててほめます。例えば、中当てドッジボールでボールをうまくかわすことができたのは、投げる子の様子や、投げられてくるボールをよく見ていたからなのでそれをほめます。外野にいる子どもが当てることができたら、中で逃げている子どもがどっちに逃げるかよく見て、動きを予測して狙って投げたことをほめます。このように、その子どもが「よくできる」前、「上手にできる」前に何を考え、何を工夫したのか、どんなアイディアが出てきたのかをほめることです。

（杉本　信）

第4章「子どもにとって遊びとは」のまとめ

1. 自分が子どものころ（6歳ころまで）にはどんな遊びをしていましたか。どこで、誰と、どんな遊びをしていたかを挙げてみましょう。

2. 主体的に遊ぶとは、どのように遊ぶことをいうのか、具体的な遊びの場面の例を挙げて考えてみましょう。

3. どのようにほめたら内発的動機づけが高まるか、具体的なほめことばを挙げて考えてみましょう。

第5章 屋内の遊び・屋外の遊び

> **NOTE**
>
> 本章では前章で学んだ「子どもにとっての遊び」のもつ意義をふまえて「指導上の注意」、「ねらい」、「手順」、「展開例」などにふれながら遊びの具体例をとおして実際に屋内外で子どもたちが、からだをどのように使った遊びができるのかまた、その指導について学びます。

Ⅰ 屋内の遊び

〈マット遊び〉

マットを使用する際は、形を変化させるなどほかの遊具との組み合わせや配置の変化によって様々な動き（寝る・回る・這う・押す・転がす）を行うことができます。より多様な動きを誘発する為には、大きさ・形・長さなど様々な種類のマットを使用することが大切です。

【安全管理上・指導上の注意事項】

・マットの段差につまずき、転倒する危険性があるのでマットの昇り降りに注意をする。
・マット遊び時は特に首関節に過度の負荷がかからないように注意をする。
・マット運搬時に使用する取っ手（マットの耳）はマット使用時には必ず折り込んでしまう。
・活動時には保育者はもちろん、子どもの服装も活動に適しているか注意をする（爪の長さ、ヘアピン、イヤリング、ネックレス、指輪、名札など）。

ゴマちゃんウォーク

【ねらい】

・自分のからだを腕で支持することができる。
・バランスを取りながら前進することができる。

【手順】

① マットの両端に立ち準備する。
② 保育者の合図でマットの上で腕立ての姿勢を保ち、足を引きずるように前進する。

【指導上の留意点】
・足を使わず腕の力だけで進むことに重点を置く。
・からだを腕立てで支持できない子には、肘をついてからだを支持するように促す。

【展開例】
・初めはゆっくり進み、慣れてきたら速く進んだり、マットに傾斜をつくる。
・マットを数枚用意して並べ、複数の人数でゴマちゃんウォーク競争をする。
・マットの両端から中心に向かって進み、出会ったところでジャンケンをする。

焼き芋ごろごろ

【ねらい】
・マットに慣れ親しむことができる。
・マット上を真っ直ぐに転がすことができる。
・自分のからだを相手に委ねることができる。

【手順】
① 二人一組になる。
② 一人がマットの端で両手をからだ側に付けて仰向けになる。
③ もう一人は、寝ている人を転がしながらマットの反対端まで進む。
④ マットの端まで進んだら寝る人、転がす人を入れ替えて行う。

【指導上の留意点】
・体格の似ているもの同士で二人一組をつくる。

【展開例】
・転がる感覚がつかめたら、一人でマットの上を転がってみる。
・マット上で二人の頭頂部が付く状態で仰向けになり、手をつなぎ二人で同時に転がってみる。

> NOTE ▶

〈平均台〉

　平均台もマット同様、ほかの遊具との組み合わせや配置の変化によって様々な姿勢でバランスをとることができます。平均台の高さも、低いものから高いものまで用意できるとバリエーションが増えます。

【安全管理上・指導上の注意事項】

・平均台を使用する遊びでは平均台からの転倒落下の事故に留意する。
・平均台の下にはマットを用意するなどして落下時の事故を軽減させる配慮をする。

　一本橋

【ねらい】

・平均台上でバランスをとりながら渡ることができる。
・平均台の上で様々な体勢を保つことができる。

【手順】

① 平均台の端に乗る。
② 落ちないようにバランスを保つ。
③ 平均台の反対端に向かって進む

【指導上の留意点】

・バランスのとれない子どもには軽く手を添えて補助をする。
・変身する動物の姿勢は子どもの想像力を大切にする。

【展開例】

・移動途中、保育者の合図で指示のあった動物になりきり渡る。
・両端からスタートし出会った所でジャンケンし、勝った人は進み、負けた人はその場で下りる。

二本橋

【ねらい】

・様々な体勢でバランスをとることができる。
・腕、足でからだを支持し平均台を渡ることができる。

【手順】

① 平均台を2台、平行に並べて用意する。

② 2台の平均台をイラストのように
　様々な渡り方をする

【指導上の留意点】
・落下時の危険に備え保育者は補助のできる位置を確保する。
・発達の個人差を考慮したうえで行う。

〈跳び箱〉

　跳び箱を使用した遊びは子どもに様々な刺激を与えると同時に、多様な基本的身体動作（走る、跳ぶ、支える、回る、着地するなど）を要求します。跳び箱といえば、跳躍運動（助走、踏み切り、腕支持、着地）の開脚跳びが代表的です。もちろん、子どもにとって開脚跳びは有効な教材ですが基本的身体動作の習得こそがより大切であるので、これらをねらいとしたいものです。基礎的な動きにより、踏み切り跳躍、水平移動から垂直移動への切り替え、高さ感覚、逆さ感覚などが身につき、その後の複雑な動作の習得を助けます。さらに、跳び箱での運動技術は切り返し系と回転系の2種類に分類することができます。先の開脚跳びは切り返し系に含まれますが、体系的に技術を捉えると、回転系にこそ広がりがあります。したがって、跳び箱遊びの中にも回転要素を加えた遊びを取り入れることが大切です。
　また跳び箱遊びは、苦手意識の芽生えやケガの恐れが考えられます。そのため安全な環境設定や展開の仕方、状況に応じた声掛けを工夫しましょう。

【安全管理上・指導上の注意事項】
・跳び箱を使用する遊びでは台上からの転倒落下の事故に留意する。
・跳び箱の下にはマットを敷き転倒落下時の事故を軽減させる配慮をする。
・跳び箱で手や指を挟んだりしないよう留意する。

> 跳び箱スロープ

【ねらい】
・跳び箱の形や高さに慣れる。
・斜面を転がりながらおりることができる。

【手順】
① 1～2段の跳び箱にマット（複数枚でも可）を被せ、床に垂らす。
② 跳び箱上のマットから、転がりながらおりる。

【展開例】
・慣れてきたら前転や後転でも取り組むことができる。

NOTE

跳び越し

【ねらい】
- 跳び箱上で肩より腰を高く上げる姿勢を身につける。
- 踏みきりの力でからだを台上まで持ち上げることができる。

【手順】
① 跳び箱の上に乗り、両手両脚を台上につける。
② 両手をつけたまま、跳び箱の側方に飛びおりる。
③ 着地の反動から踏みきり、台上に戻る。
④ 次はそのまま対側で一連の動作を繰り返す。

【指導上の留意点】
- 着地の動作と踏みきりの動作を連動させて行うと、より運動の質が高まる。
- 習熟度に合わせて、跳び箱の高さを調整すると良い。

Ⅱ　屋外の遊び

　昨今の子どもたちの遊びの環境を表現すると、遊ぶ場所（空間）や遊ぶ友だち（仲間）、遊ぶ時間（時間）の三つの「間」（サンマ）が著しく減ってきています。間抜け現象ともいわれる遊び環境のなかで、空間や仲間の問題を改善するためには屋外（戸外）での遊びに注目することが大切です。保育者の目が行き届く安全かつ、広い空間を同世代の友だちと太陽の光をいっぱいに浴びながら自由に走り回ることができる屋外での遊びは子どもの運動発達に大きく影響を与えます。

〈走りを中心とした遊び〉

　走る距離、走る向き、ほかの遊具との組み合わせや遊具の配置の変化によって様々なリズムでの走りをつくりだすことができます。また、屋内とは違い広い園庭などを利用するため運動量も自然と多くなるメリットがあります。一人で目標物に向かって走る、二人での追いかけっこ、複数での追いかけっこ、鬼ごっこ、リレー等バリエーションも豊富でアレンジもしやすくなります。

トライアングルダッシュ

【ねらい】
- 3人で息を合わせてタイミングを図る。
- 一気にスタートダッシュし、スピード感を味わう。

【手順】
① 3人が三角形の頂点に長さ1メートル程の片手で握れる棒を持ち、立つ。
② 年齢に応じ適度な距離(棒が倒れるまでに走って掴める距離)の三角形をつくる。
③ 掛け声を合図に3人が棒を手から放し走りだし棒が倒れる前に別の棒をつかむ。

【展開例】
・慣れてきたら一辺の距離を延ばす。
・四角形、五角形と人数を増やし変化をつける。

【安全管理上・指導上の注意事項】
・周囲で活動している人と衝突しないだけのスペースを確保して行う。
・走る進行方向を決めておき、グループ内での正面衝突を避ける。

サークルしっぽ捕り

【ねらい】
・合図に反応し、俊敏に動く。
・走りながらしっぽを掴むなどの複数の動作を同時に行う。

【手順】
① 園庭に円を描き、四等分し12時、3時、6時、9時の位置に4人がしっぽを付けて立つ。
② 保育者の合図で同じ方向へ一斉にスタートし、前の人のしっぽを捕る。
③ しっぽを捕られた人はサークルから外れる。
④ 保育者はスタートから5秒経過するたびに再び合図を送る。

【展開例】
・慣れてきたら、円の直径を大きくする。
・円を大きくし、人数を増やす。

【指導上の留意点】
・周囲で活動している人と衝突しないようスペースを確保して行う。
・スタート時の進行方向を決めておき、正面衝突を避ける。
・年齢によってしっぽの長さを考慮する。

> NOTE

〈固定遊具を利用した遊び〉

　園庭には、ジャングルジム、すべり台、鉄棒、雲梯、総合遊具など様々な固定遊具が設置されています。その固定遊具を利用し遊ぶことは必然的に屋外(戸外)での活動に直結します。また、遊具の特性を活かした様々な動きを引きだすと同時に遊具間を移動することにより運動量も増えます。

　総合遊具を使用したり、各遊具をつなぐ動線をつくりサーキットにすることによって連続的な動きを引きだしたり、繰り返したりすることができるメリットがあります。

雲梯ジャンケン

【ねらい】
- ぶらさがる感覚を楽しむ。
- 雲梯を進むことにより目と手の協応動作を行う。
- 雲梯を進みながら全身のバランスをとる。

【手順】
① 雲梯の端に両手でぶらさがる。
② 反対端に向かって両端から進む。
③ 途中、出会ったところでジャンケンする。(口頭でジャンケン)
④ ジャンケンに負けた人は雲梯からおりて勝った人はさらに進む。

【展開例】
- 口頭ではなく、足を使ってジャンケンする。
- 右手でぶらさがり、左手でジャンケンする。
- 左手でぶらさがり、右手でジャンケンする。

【安全管理上・指導上の注意事項】
- 落下時の危険回避のため、雲梯下の土を耕すなど地面を柔らかくしておく。
- 降雨後は、手が滑る危険性が高いので雲梯の水気を拭いておく。

園庭サーキット

【ねらい】
- 様々な動きを一度に経験する。
- 動きの連続性を経験する。
- 豊富な運動量を経験する。

【手順】
① 園庭上にある固定遊具を一本の動線でつなぎ順番と進行方向を示す。
園庭中央に子どもたちの応援席スペースも確保しておく。
例）スタート→①鉄棒→②雲梯→③すべり台→④ジャングルジム→
⑤ゴール
② ①から番号順にそれぞれの固定遊具を使用して進んでいく。
③ 自分がスタート前やゴール後は応援席で友だちを応援する

【展開例】
・動きがマンネリ化しないよう進行方向や遊具の順番を変える。
・活動時間を短縮する必要があるときには、①～⑤それぞれからスタートする。

【指導上の留意点】
・順番を抜かすことのないように指導する。
・多様な動きを経験することが目的なのでスピードを意識しすぎない。
・園児に対し、転倒、落下に対する安全指導をしっかり行う。

(石川　哲也)

Ⅲ　ボール遊び

　遊具を使用する遊びは、幼児期に習得できる基本運動スキルの向上やバランスのとれた体力育成を育てる上で効果的です。固定されている遊具や移動できる遊具での遊びはもちろんのこと、草むら等の自然環境を利用した遊びなど様々な環境を利用して遊びを工夫することが必要です。
　その中でもボールを使った遊びは、使用するボールの大きさ・素材・重量・触感などの特性を使い分けることで変化のある遊びを楽しむことができます。また、ボールを使うことは、持つ・投げる・弾ませるなど様々な操作する動作に加えて、自分の身体のコントロール・柔軟性・リズム感も養うことができ、子どもたちの成長を促進させてくれる重要な要素を非常に多く含んでいます。さらに集団で行う遊びとしても適しており、ルールを設定したボールゲームを楽しむことができます。

スロー＆キャッチ

【手順】

① スタートラインにボールを持って並ぶ。

② スタートの合図でボールを転がす。

③ 転がしたボールを走って追いかけて自身のからだを使って止める。

【展開例】

・足でボールを止めるだけでなく、膝・お尻・胸など様々な部位で止めてみる。

・二人組になってペアの友達が投げたボールを止めてみる。

【指導上の留意点】

・ボールを転がす方向を決めてあちこちに散らばらないようにする。

・ボールの大きさや種類を変えてみる。

バウンドしたボールを避けよう

【手順】

① ボールを両手で真上に投げ上げる。

② 地面に着いて上がってきたボールをくぐる。

③ ②の動作を繰り返し行い、バウンドの高さが徐々に低くなっていくボールを何回避けられるか。

【展開例】

・ドリブルをしながらチャレンジする。（ドリブル→避ける→ドリブル）

・ボールの大きさを変えてみる。

【指導上の留意点】

・ボールを投げ上げるので十分なスペースを確保する。

・大きく弾むボールを使用すること。

風船的当て

【手順】
① 手のひらサイズの柔らかいボールと風船を手に持つ。
② 風船を斜め上方向に投げ上げる。
③ 手のひらサイズの柔らかいボールを風船を狙って投げる。

【展開例】
・的となる風船を保育者が投げ上げる。
・的やボールの大きさを変えてみる。

【指導上の留意点】
ボールを投げる方向を決めて散らばらないようにする。

ボール相撲

【手順】
① 陣地(例えばフラフープの中)の中でボールを両手で持ち、向かいあって並ぶ。
② スタートの合図でボールを使って陣地の外へ押し出す。

【展開例】
・ルールを設けてチームで行ってみる。
・環境を変化させる。(平均台の上・ボールの種類の変化)

【指導上の留意点】
・ボールの大きさや硬さに注意をする。
・危険な行為をしないように配慮する。
(顔への攻撃など)

ボールを運ぼう

【手順】
① 二人一組を作る。
② からだでボールを挟みボールを運ぶ。

NOTE

【展開例】
・ボールを挟む場所を変えて難易度を変えてみる。(背中・お腹・胸・おでこなど)
・チームを作って競争する。

【指導上の留意点】
・ボールを落とさないようにすること。
・ボールの大きさや種類を変えてみる。

リレー

【手順】
① 6人～10人組のチームをつくる。
② 全員1列に並び、スタートの合図でボールを後ろへ渡す。
③ 渡し終わった子どもはその場にうつ伏せで寝る。
④ 1番後ろでボールをもらった子どもはうつ伏せしている子どもたちをジャンプして飛び越え1番前へ。
⑤ 2から4を繰り返す。

【展開例】
・後ろにボールをつなぐ方法を変えてみる。
・1番前に行く方法を変えてみる。

【指導上の留意点】
・飛び越えるスペースを確保する。

(伊東　裕希)

第5章「屋内の遊び・屋外の遊び」のまとめ

1. 実習先の子どもたちが行っていた屋内でのあそびを思い出してみよう。またその際に保育者はどんな点に留意していたか考えてみよう。

2. 実習先の子どもたちが行っていた屋外でのあそびを思い出してみよう。またその際に保育者はどんな点に留意していたか考えてみよう。

第6章
季節の遊び

> NOTE ▶

子どもたちにとって「季節の遊び」は自分が生きている生活世界や伝統文化、自然や生命のふしぎを体感することができる絶好の機会です。本章では、保育内容の「季節の遊び」がもつ意味の整理をするとともに、子どもたちにとって「季節の遊び」が「なぜ大切な体験になるのか」を考えます。また、その実践に際して保育者が備えておきたい感性を踏まえながら、基礎的な実践例と概要を紹介します。その上で、子どもたちが生きる将来を見通して、「季節の遊び」がもつ保育内容の役割と展望にもふれます。

Ⅰ　保育内容における「季節の遊び」

子どもたちが身近な自然と関わることの大切さは誰もが共感するところですが、保育内容において改めて「季節の遊び」が求められる背景には、2017（平成29）年に改定された「幼稚園教育要領」、「保育所保育指針」、「幼保連携型認定こども園教育・保育要領」において、保育内容のねらいとして以下の点が明記されていることが挙げられます。まず、「健康」領域においては、子どもたちが「自然の中で伸び伸びと体を動かして遊ぶ」ことをその内容に位置付けています。また「健康」領域に加えて、「環境」領域でも「自然に触れて生活」することによって「環境の大きさ、美しさ、不思議さに気づく」ことや「季節によって自然や人間の生活に変化があることに気づく」ことが述べられ領域横断的に示されています。

Ⅱ　「季節の遊び」と自然の魅力

四季折々の自然は、日常生活のいたるところで子どもたちを受け入れてくれます。「季節の遊び」の保育実践を考える際、必ずしも雄大な自然環境を求めずとも、園庭はもちろん、お散歩コース、公園、時として保育室でも自然と出会うことができます。子どもたちがタンポポの綿ぼうしを夢中に追いかける姿、昆虫を必死に捕まえて観察する姿、焚き火を見つめるまなざし、初雪を目の当たりにした瞬間を想像してみましょう。

一方で、自然は時に「自分ではどうしようもなく変えられない」という真実を子どもたちに与えます。だからこそ、子どもたちは自然に畏敬の念を抱き、同時に自分自身の存在と尊さを自覚するのです。保育者は、自然と出会う子どもたちの心身の高揚や喜びを共に分かち合う存在でありたいものです。

Ⅲ 「季節の遊び」と保育者の感性

保育者は、自然の専門家ではありませんが、"子どもの個性を尊重し、寄り添い、受け入れて成長へと促す"子どもの専門家なのです。保育者は、自然に気づきふれあう体験を子どもたちと共有し保育内容へ役立てる姿勢が大切になります。

保育者が虫を苦手だとします。子どもがイモ虫を見つけてきて、「先生、これはなに？」と聞いてきたら、「ちょっと……わからないなー。」と応え、さりげなくその場をやり過ごす態度をとるでしょうか。それとも、「わあ！どこで見つけたの？」「どんな匂いがするかなぁ？」と直感的に興味を示すことができるでしょうか。その瞬間、目の前にいる子どもは多くの発見をしているのです。子どもの関心は本来、どれもがとても面白いことばかりなのです。そのことに気づき、子どもと対等のまなざしから応答することは、季節の遊びに限らず保育者として望まれる姿です。

そのためにも、保育者は子どもたちの反応に敏感でありたいものです。それが出来れば、あとは子どもたちの興味が湧き出る「瞬間」を待ってそのチャンスを逃さない感性を保ちながら、目の前の自然や物事に対する道筋を子どもたちにわずかに示していくだけなのです。保育者も、子どもと共に「まずはやってみる」ことを大切にしながら、子どもの体験を受け入れて共有し、子どもの姿から発せられる想いを、自分なりの言葉にかえて応答するだけでも充分です。他の誰かから聞いた話はいつの日か忘れてしまうこともありますが大好きな先生と一緒に自然の中で出会った心踊る体験は、子どもの身体と記憶に残っていくことでしょう。

Ⅳ 「季節の遊び」と風土

　「季節の遊び」には、各地の風土に根ざした様々な実践があります。保育内容において「季節の遊び」の実践をデザインするにあたって、環境活動フィールドは園舎や園庭はもちろんのこと、子どもたちが生活する「地域」となるでしょう。「地域」とは、長い歴史の中で地域社会に生きてきた人々がその場所の自然に働きかけ、自然との呼応を繰り返し、紡ぎあげられてきた風土に根ざしているものなのです。その際に地域社会と自然の関わりを媒介するのは、地域固有の「生活文化」です。純粋に動植物の生態に興味をもって、自然科学的な知識や経験を蓄えることももちろん大切ですが、「季節の遊び」を風土の視点から捉えなおすことによって、子どもたちは地域に固有の「生活文化」の体験をとおして、そこに現れる「自然」や「生活」、あるいはそれらの重層的な関係についても、世代を超えて縦断的に学んでいくことができるのです。

　この意味から「保育」の中に子どもの「生活文化」としての「地域」を捉えなおすことの意味がうきぼりになるでしょう。なぜなら、独自の歴史が蓄積した「地域」とは、まさに子どもたちにとって自分を生み出す「生活」の基盤であり、そこでの現実との関わりをとおして子どもたちは自立し、その「地域」に愛着を持つことで「生活文化」を創造していくことができるのです。その一方で、「地域」と子どもたちが接近することで、そこに生きる人々が、より「地域」への自信と誇りを持つことにも繋がるでしょう。保育者は、未来を拓く子どもたちへ向けて「生活文化」の世代間継承の種を撒いているのです。

V 様々な「季節の遊び」

　ここでは、保育の中で実践しやすい「季節の遊び」を、季節の目安と簡単なポイントと合わせて紹介します。(表1、表2) どの遊びについてもマニュアルとして示しているものではなく、「こうしなければならない」というわけではありません。そのため「これはできそうかな」という遊びを見つけたら、みなさんが生活する地域の風土や子どもたちの興味、園の方針や環境に照らし合わせながら、工夫を凝らして実践してみましょう。なお、ここで示す実践例は、「季節の遊び」のほんの一部です。自由な発想で身のまわりを見渡すと、ミクロな世界からダイナミックな活動まで、たくさんの遊びの素材を自然の中に見つけることができるでしょう。また実践に際しては、園に勤める他の先生や職員、地域の人々に知恵と助けを借りることができれば、実践内容をより広げることができるでしょう。

　なお「季節の遊び」は、子どもたちにとっての「生活そのもの」であるという視点も忘れてはいけません。ここでは遊びの基本的な概要を示すに留めているので、遊びの詳細な展開については、生活する地域の風土に添いながら、子どもたちと共に固有のストーリーを創りあげていってほしいです。表1および表2に紹介する遊びは、多くの参考書(巻末参考文献参照)の他、近年ではインターネット等でも有用な情報を得ることができます。

NOTE

●イグルー【igloo】
北アメリカ大陸北部やグリーンランドで暮らすイヌイット民族が、冬季に獲物を求めて移動する途中、氷や雪の塊をドーム状に積み上げて作る家。元来、イヌイット語で「人々が暮らす建物」の意。

イタドリで作った水車

表1 四季に適した「季節の遊び」実践例と概要

季節	実践例	概　　要
春	押し花づくり	身近な草花をキッチンペーパーなどで包み、本などの間に挟み重しをのせて数日おきます。さまざまな遊びのストーリーへと発展します。
春	山菜採り	タラの芽、ヨモギ、ふきのとう、つくし……など、食材としてはもちろん、子どもにとっては野山の冒険です。天ぷら、炊き込みご飯など工夫して調理して、自然を味わいましょう。
春	春のカラーBOX	区分け・色分けした手軽な手づくりBOXを携えて、自然の宝さがしに出発！花びらや葉、小枝や木の実を見つけよう。集めた素材で、さらなる製作へと展開できます。
夏	水遊び	園庭、公園、近隣の小川など、水さえあれば遊びは無限大。水かけっこや水風船、笹船の川流し……。ライフジャケットを着用すれば、冒険の幅も大きく拡がるでしょう。海辺の環境があれば、海水から「塩」を採ってみるのもお勧めです。 フィールドの安全確保は徹底的に！
夏	**イタドリ**で遊ぶ	水鉄砲、笛、水車など、さまざまな遊び道具をつくって遊ぼう！
夏	地域のお祭り	子どもたちはお祭りが大好きです。イベント参加、お神輿担ぎ、どの様な形態でも良いので、子どもたちと共にお祭りに参加しよう！
秋	燻製づくり	地元産の生肉や魚を、塩とスパイスで仕込んで冷蔵庫で数日ねかせた後、ウッドチップでスモークします。調理とは、焼く・煮る・蒸すだけではありません。「燻す」ことで、うま味も保存期間も増すのです！衛生管理は徹底しましょう。
秋	焚き火＆焼き芋	ゆらめく炎、パチパチと薪がなり、とっても暖かい……近づきすぎるとヤケドする！風下は煙がくるぞ、スギの葉をくべると……？？？ さて、焼き芋のサツマイモ産地は園庭でしょうか？
秋	落ち葉のフトン	地べたに仰向けに寝転がって、空を見上げます。その上から落ち葉をドサッとかけてあげて、仕上げに顔にも！落ち葉の隙間から見える空は、まるで自分が大地と一体となった気分になります。別名、「大地の窓」ともいわれています。
冬	尻すべり	直滑降、スロープ、ジャンプ台、トンネル……。野山でも、築山でも、そこにある地形を尻すべりの遊園地にしよう。米袋でも、市販の用具でも、敷物しだいで猛スピードに！？大きなブルーシートに乗って、大勢で一気に滑れば大興奮!!
冬	雪の**イグルー**づくり	硬く締まった雪を大きなレンガ状に切り出して、ドーム形のおうちをつくろう！ 切り出しから仕上げまで、みんなで協力。暖かいイグルーで、おやつタイム!?
冬	雪中サッカー＆アイスクリームづくり	アイスクリームの材料を詰めたペットボトルorタッパーを丈夫なビニール袋に雪と塩と一緒に入れてボールにします。あらら！？サッカーしている間にアイスクリームの出来上がり！秘密は雪と塩なのです!!（皮細工店で本物のサッカーボールをジッパー付に加工してもらうと、繰り返し使える便利な道具になりますよ！）
冬	味噌づくり	栽培、加工、熟成、調理までどんな物語ができるでしょうか？子どもたちは、お味噌を大好きになって育っていくでしょう！白みそ、赤みそどちらがお好み？
冬	もちつき	「捏ね（こね）」と「搗き（つき）」、身体で呼吸を感じあう。お父さん、お母さん、地域の人々と一緒に、お正月をおいしく楽しもう！どうして「いつものお米」でお餅ができないの!?

表2 四季を通じた「季節の遊び」実践例と概要

季節	実践例	概　　要
四季を通じて	虫取り	春夏秋冬、同じ場所でも違う虫がいます。どうやって捕まえる？良く観察するとふしぎな形……。逃がそうか？エサは何かな？飼えるかな？シンプルですが、生命への気づきが芽生える活動です。
四季を通じて	動物の足跡や食痕さがし	柔らかい土や砂地、雨降り後、特に新雪の上は足跡の宝庫。クルミがきれいに半分に割れている、どんぐりに丸い穴があいているのはどうして？足跡の形や食痕をみつけて、そこに住んでいる動物を調べよう。みんなで動物探偵団！
四季を通じて	木の葉カルタ	大きい葉や小さい葉、丸い葉や尖った葉、緑の葉、黄色の葉。皆で葉っぱを拾い集めた後、保育者が指定した葉を取り合うゲームです。レベルが上がれば、ごくわずかな違いも見抜けるようになります。
四季を通じて	虫眼鏡の冒険	普段の何気ないお散歩でも、「虫眼鏡」を手にするだけで、見える世界は発見の連続です。地べたを這って進む「ミクロハイク」は、より本格的！！
四季を通じて	フィールドビンゴ	活動のフィールドに併せて、自然に関わる事象の「ビンゴカード」を作って、散策しながらビンゴを完成させていくゲームです。カードの工夫次第でより多様な活動へと拡がります。
四季を通じて	森の万華鏡	園が置かれている環境に合わせて、種や小枝、葉など、四季折々の多様な自然物を拾い集めて簡単な万華鏡を作りましょう。思いもよらぬ自然の美しさに触れられます。親子での活動にも適しています。
四季を通じて	草木染め	花や実、葉をしぼったり、草や木の皮を煮て、色の汁をとります。ハンカチやTシャツなどを染めてオリジナルグッズをつくろう。枝を染めて、ペンダントにも。元の植物と同じ色もあれば全く違う色になるものもありますよ！

Ⅵ 「季節の遊び」の役割と展望

　近年の保育において自然体験や生活体験の重要性が指摘されるようになってきました。このことは、スタンダードな保育内容に子どもたちを「当てはめていく」保育実践から、子どもたち一人ひとりの主体的な体験を尊重する保育実践への質的転換を示しているといえます。言い換えると、これからの保育内容においては、あらかじめ「子ども向け」にプログラムされた「意味のセット」を伝達することを目指すのではなく、「保育者」と「子ども」が実際に生活している「場所（園の環境）」において、昨今「非認知能力」ともいわれる力の醸成が求められているのです。「非認知能力」とは、感受性や協調性、直観力や創造力、諦めない粘り強さ、時として楽天的に自他を許す気持ちなど、数値では計り得ない人間としての力のことです。その実践にあったっては、「場所（園の環境）」の持つ教育力が重要であり、子どもたちが生活する園全体を自然豊かで重層的な遊び空間として工夫することが大切になります。さらにいえば、園舎や園庭といった制御された空間から「地域」へと飛び出していくことも求められます。

　例えば、2017(平成29)年改定の「幼稚園教育要領」の前文においても「これからの時代に求められる教育を実現していくためには、よりよい学校教育を通してよりよい社会を創るという理念を学校と社会とが共有し、（中略）社会との連携及び協働によりその実現を図っていく」ことや「一人一人の資質・能力を育んでいくことは、（中略）家庭や地域の人々も含め、様々な立場から幼児や幼稚園に関わる全ての大人に期待される役割である」という趣旨の「社会に開かれた教育課程の実現」が特に強調されています。また、「保育所保育指針」では「生命、自然及び社会の事象についての興味や関心を育て、それらに対する豊かな心情や思考力の芽生えを培うこと」、「幼保連携型認定こども園教育・保育要領」では「（前略）地域の実態を踏まえ、環境を通して行うものであることを基本とし、家庭や地域での生活を含めた園児の生活全体が豊かなものになるように努めなければならない」という趣旨が、まず総則においてふれられているのです。

　上記の要領・指針が示していることは、子どもたち一人ひとりにとっての「日々生きる世界」＝「家庭や園、地域」における直接的な自然体験をとおして、創造的に生活を拡充させていく力を醸成する営みがこれからの保育内容に求められているという表れともいえるでしょう。確かなことは、子どもたちは自然や社会の成り立ちを主体的に想像し、それを自らの手ごたえとして、これからの未来を担っていかなければならないということなのです。

　「季節の遊び」を実践する上での保育者の役割は、それぞれの地域の風土に根ざした「生活文化」を掘り起こし、「いま、ここ」にフィットした保育実践へとアレンジしながら投影していくことであって、決して"場所（園の環境）"

を普遍的なプログラムに適合させていくことではないでしょう。そのためにも、「季節の遊び」の具体的な実践は、四季折々の多様な行事によって地域の方々を園に招くきっかけにもなりますし、さらには「地域」へ飛び出していくチャンスでもあるのです。その際に直接的な連携関係がなければ、地域のサークル組織や人材バンク等からの紹介を受けることもできます。

　「季節の遊び」をとおした実体験は、「いま、ここ」に生きる子どもたちの自然適応力の醸成に繋がる営みです。私たちは、子どもたちに秘められている「人間として育ちゆくチカラ（自然性）」を徹底的に信用することを出発点にして、子どもたちの「身体の延長としての他者（人・モノ・自然）」という感覚が、遊びを通じて得る多様な実体験と自然科学知の協調に導かれ、生活圏を越えたより広範な地域や空間へ、さらには世界という範域にまで拡大されていくことを見通すことも大切かもしれません。そのはじめの一歩が、「自然や他者への気づき」であり、「いまここ」にいるお友だちへの「思いやり」ともいえるのです。

（岡　健吾）

第6章「季節の遊び」のまとめ

1. 子どもが興味をもつ動植物をあげ、その理由を考えてみましょう。

2. あなたの親や祖父母に「季節の遊び」の思い出を聞いてみましょう。

3. 上記を踏まえて、あなたが実践したい「季節の遊び」を考えてみましょう。
【春】

【夏】

【秋】

【冬】

第 7 章
子どもの遊びの指導案作成

幼稚園実習・保育所実習で部分実習や責任実習（1日実習）で遊びや製作を行う際には指導案を作成します。本章では前章までに学んだ遊びに関する知識を生かしてどのような観点を持って指導案を作成するか、作成例を参考にしながら学びます。また、その指導案に基づいて実際に子どもに遊びを展開する際に保育者はどのようなことに留意すべきかを学びます。そして本章で学んだことを生かして実際に遊びの指導案を作成します。

I　指導案とは

　指導案とは保育活動の計画です。年間計画や月案、週案、1日すべてを計画する指導案から保育活動の一部分を書く部分的なもの、形式などを簡略した略案、ほかにも屋外の保育活動を予定した際の雨天用の副案などがあります。保育活動には園の理念や方針が反映されていますからその方針や理念から離れすぎてもいけません。指導案を作成する上で、幼稚園では「幼児期の終わりまでに育ってほしい10の姿」（第1章参照）を念頭に、発達に応じて主体的・対話的で深い学びを体験できるような内容が求められます（「幼児期の〜」評価の観点ではありません）。保育所では3歳児以上が幼児教育と位置付けられています。その中で、子ども一人ひとりの発達過程や状況を踏まえる必要があります。

　指導案の形式（フォーマット）は"これ"といって決まっていません。縦長もあれば横長もあります。ただ、地域によっては「この指導案で作成してください。」と指定のフォーマットを用意し、地域（市町村）で統一している場合がありますが、基本的には大学や園がそれぞれで独自の形式を用意しています。実習先や就職先の園の指導案の形式が大学で学んできたものと違っても焦る必要はありません。そこに含まれている単語や書く内容に大きな差はありません。

　なぜ指導案を書くのか。それは指導案を書くことで自分がどのような保育活動をしたいか確認することができるからです。また、第三者にも見てもらい、自分が行いたい保育活動に対して助言や改善点を指摘してもらうことができます。これらをとおして指導案の内容がより充実したものになります。さらに「記録」として残ります。一人で書いたものと第三者にみてもらったものを比較することや実際に行ったあとの気づきなどを書き加えることで、保育者としての財産にもなります。

Ⅱ 子どもと遊びの特性をつかむ

　指導案を作成する際に「子どもの実態」（子どもの姿）を知る必要があります。まずは子どもをじっくりと丁寧に観察することが大事です。例えば、「お山座り」、「さんかく座り」はどちらも同じ座り方を指しますが、（「さんかく座り」は西日本で多く使われている呼び方です）どちらが子どもたちに馴染みがあるのか知ることも実態を知る一つです。観察する中で子どもたちの言葉や動きに共通する単語や動作があれば、それが子どもたちの間で流行っているのかもしれません。そのような流行り事が子どもの実態に影響を与えている可能性もあります。季節や行事などいろいろな角度から子どもを見ることで、子どもたちの情緒的側面や身体活動、人間関係、遊び方など子どもの実態を知ることができます。このように子どもの実態を深く知った上で初めて「ねらい」を設定することができます。例えば、「①ヒーローごっこをしている子どもがいて、楽しそうに見ている子どもがいた。②子どもの中でヒーローごっこが流行っている？みんなヒーローになりたい？③ヒーローを取り入れた活動をしよう④ヒーロー遊びをとおして友達と表現する楽しさを味わう」というような流れです。ねらいを先に設定してしまうと子どもの実態とかけ離れてしまうことがあり、そうなると子どもにとって難しすぎる、もしくは簡単な活動内容になってしまいます。また、怪我や事故に繋がる可能性があるため、安全面も考慮しましょう。

　保育活動で運動遊びを展開する際に、その遊びが持っている特性や本質を考える必要があります。その特性や本質を理解した上で、ねらいを設定すると充実した保育活動に繋がります。また、特性や本質を理解することで環境構成や子どもの予想される動き（活動）や保育者の動き（支援・援助

含む）が想像できます。例えば、「鬼ごっこ」を想定した際、そもそも鬼ごっこの種類はたくさんあり、同じルールでも呼び方が違うこともあり、ローカルルールもあります。鬼ごっこを行う際に自身と子どもで思いついた内容は違うかもしれません。（そのためにも子どもの実態を知ることが重要なのです。）実際に行う鬼ごっこは「しっぽ取り」なのか、「色鬼」なのか、「増え鬼」なのか自身の中で明確にする必要があります。どの鬼ごっこも捕まるか、捕まらないかが共通の楽しさであると思います。ただそこには「追いかけてくれるか？」、「捕まえられるか？」という問題があります。

　鬼役は捕まえられないと楽しくありませんし、疲れます。簡単に捕まえることができても物足りません。程良く楽しんでもらうにはどのようにすればよいか。遊ぶ人数に対して広さ、1回の時間、鬼の数は適切かなどを考えることが環境構成に繋がります。環境構成が整うと楽しさ感じる機会が増えます。そこ

NOTE

で何に対して楽しさを感じているのか、もしくは何に対して楽しくない（難しさ）を感じているのか。追いかけることを楽しむ子どもが出てくるかもしれません。これが予想される子どもの活動（動き）になります。「追いかけてくれるか？」には大人数で行っている鬼ごっこでは、鬼が同じ友達（もしくは保育者）を追いかけ続け、実質1対1の鬼ごっこになっている状況が見受けられます。他の子どもたちが「捕まるかもしれない」という楽しさを感じられません。このような現象が起きた際、どのような言葉かけをするのか、どのように改善するのかを考える必要があります。すなわちこれが保育者や実習生の関わりであり、援助・支援、配慮に繋がります。

運動遊びに限らず、特性や本質を知ることは皆さん自身を助けることになります。特性や本質を知ることで保育活動の準備がある程度できるからです。そこに皆さん自身の得意・不得意は関係ありません。例え運動が苦手・不得意であっても「この遊びにはこんな特性があるな」や「こういうところが面白くない（難しい）な」と考えられます。苦手な人ほど難しい部分や楽しくない部分に気づき、同じ境遇の子どもたちに寄り添うことができるかもしれません。また、運動遊びに限らず、造形や音楽などの活動に対してもその特性と本質を理解することが大切です。保育計画をたてることに慣れていない人はどうしても主活動ありきになってしまいがちです。そうならないためにも例えば「鬼ごっこを学ぶ」ではなく「鬼ごっこで学ぶ」といった視点を持つことが大事です。

（中山　貴太）

Ⅲ　遊びの支援のポイント

前節で挙げたような指導案に基づき、子どもたちが楽しく遊ぶことを支援するには保育者は以下のようなことを心がけることが大切です。

1　遊びの支援で留意したいこと

第3章でも学んだように、子どもの遊びは内発的に動機づけられた活動と捉えられますが、子どもの遊びの支援のポイントについて大切なことをまとめます。

❶　楽しく遊べる環境を整える

保育者は子どもたちの様子を観察することにより、子どもたちがどのように遊んでいるのか、遊びの中でどういったことを求めているのかなどを理解してはじめて、子どもたちが必要としている環境を準備することができます。

例えば、遊びに使うボールや縄跳び、砂場で遊ぶためのスコップやバケツといったものを子どもたちがいつでも自分たちで使うことができるようにしてお

いたり、十分な数が用意されているか、子どもたちが使いやすいものであるかにも配慮することは物的環境を整えることです。また保育者は子どもにとって1番身近で、影響力の大きい人的環境です。子どもたちが安全に楽しく遊ぶために子どもたちを見守り支援する保育者を十分に確保することが人的環境を整えることになります。

2　子どもの主体性を大切にする

　子どもたちが遊ぶ際にもルールや約束事がありますが、あくまで遊びは子どもたちが主役であることを常に意識しなければなりません。もし遊びが上手くいかない場合は、遊び方やルールを子どもたちの人数や運動能力等の発達に応じて変える必要が出てきます。その際には、子どもたちの意見や発想を大切にしながら、保育者も子どもと一緒に解決策を考えましょう。

　例えば、しっぽ取りのように人数の多い方が勝ちとなる遊びの場合には、子どもたちが数えてどちらが多いか判断させたり、勝ち負けが決まらない場合にはどうしたら良いのかの子どもたちに判断させる、といったように子どもたちが自ら考え選択できるような保育者の対応が大切です。

　ルールや決まりごとで子どもたちを縛ってしまうと、結果的に保育者が子どもたちの学ぶ機会を奪ってしまうことになりかねません。子どもたちは遊びを通じて自己の体験を豊かにし、遊びから多くのことを学ぶのです。

3　達成感を味わえるようにする

　子どもたちがその遊びを「楽しい」、「もっとやりたい」と感じるには遊びの中で成功体験や達成感を積み重ねていくことが大切です。子どもの運動発達段階における個人差は大きいので、特に運動遊びでは上手くできなかったり、失敗してしまうこともあります。その時にはチャレンジする気持ちを大切にし、失敗することを認めることが重要です。また達成が難しい課題である場合にはチャレンジすること躊躇したりむしろ挫折感や無力感を感じてしまいかねません。そのためその子の発達の「一歩前」の課題を複数用意しましょう。

NOTE

2 遊びの支援におけるコミュニケーション

　遊びの支援をする際に子どもたちとのコミュニケーションは欠かせません。コミュニケーションを図る際には次のようなことに配慮することが大切です。

1 表情

　子どもたちは先生の表情をよく見ています。先生が楽しそうな表情をしていないともちろん子どもたちもこれからの遊びや活動に楽しく参加できません。また明るすぎ、元気がありすぎ、一人で張り切りすぎだと子どもたちがついていけず空回りをしてしまいます。

　また、どの子も明るく元気いっぱいの先生との相性が良い訳ではありません。中には落ち着いて一緒に遊んでくれる先生の方が親しみを感じる子どももいます。その時の子どもたちの様子やクラスの雰囲気を感じながら、自分がどのような表情で子どもたちに接するのが良いのかを考えましょう。

2 立ち位置

　子どもたちと保育者の身体的な距離も遊びの支援においては重要です。距離が遠すぎると子どもたちに声が届きにくいだけではなく、子どもたちの表情が見えにくく、意思疎通が難しくなります。逆に近すぎると全体の様子に目を配りにくくなったりします。適度な距離感で、また全体が見えるような位置に立つようにしましょう。

3 態度

　活動をする時に子どもたち一人ひとりの顔を見ていますか。子どもと視線を合わせていますか。そうすることで子どもたちは「自分のことを気にかけてもらえている」「自分のことを大切に扱ってもらえている」ということを感じることができ、これから始まろうとしている活動に対して前向きな気持ちで参加することができます。保育者の立ち振る舞いも子どもたちの活動への参加に影響を与えるので注意が必要です。無意識の動作や口癖は子どもたちに余計なところに関心を持たせてしまい、活動に集中できなくなってしまう可能性があります。また事前準備をしっかりすることで不安や心配を取り除くのはもちろんのこと、必要以上に構えたりせず適度にリラックスして活動に臨みましょう。

④ 話し方

子どもたちに遊びの説明や指示をする時には子どもたちにとって聞きとりやすく、わかりやすい話し方を心がけましょう。子どもたちに対して間髪入れずに説明をすると、話の内容を理解できないだけでなく、急かされている落ち着きがない状態になってしまうこともあります。

子どもたちに説明する時には、子どもたちの反応を見ながら、重要なところは繰り返したりゆっくりと強弱をつけて話す、途中で「わかりましたか？」「大丈夫かな？」と確認をすることで理解しやすい話し方になります。

（安倍　大輔）

Ⅳ　遊びにおける指導案作成の観点と実践例

指導案を作成・実践する上で、保育者は〈導入〉・〈展開〉・〈まとめ〉として、それぞれを個別に考えてしまいがちですが、その〈すべて〉が連続している「遊び」だということを認識しておくことが重要です。保育活動とは、〈導入〉の工夫によって〈展開〉が充実し、〈展開〉における子どもにとっての楽しみの内容が〈まとめ〉へと結びついていくものなのです。以下で、運動遊びにおける指導案の作成の手順と、実際に保育現場で実践を行う際に重要な観点を示します。

1　〈導入〉の観点

「遊び」において、子どもたちが夢中になる瞬間とは、どのような場面でしょうか？　子どもたち自身が主体的に活動することそのものが「遊び」です。そのため、保育活動の＜導入＞において保育者に求められるのは、子どもたちを「遊び」のストーリーの主人公へと導いていくことなのです。保育者は、子どもたちの興味関心をリアルタイムかつ敏感にくみ取りながら、その時々において適切なストーリーを子どもたちに投げかけてみましょう。その際には、園の方針も考慮しなければなりませんが、例えば、本時に実践する「遊び」にまつわる保育者自身の体験談（子どもの頃の思い出、昨夜みた夢、将来への想いなど）を楽しく伝えたり、あるいは流行のキャラクターを活用しても、オーソドックスに絵本を用いても良いでしょう。子どもたちがそのストーリーに惹きつけられた際には、その先の〈展開〉は、否応なく子どもたちが主体的に活動へ臨んでくれることでしょう。〈導入〉は、保育者の主観から活動内容を説明する場である以前に、子どもたちそれぞれの「やってみたい！」という高揚感を喚起する場なのです。その意味で、保育活動における〈導入〉とは、子どもたちの主体性を尊重しながら、新たに示される「遊び」への期待感を促し、〈展開〉へ繋げることが非常に重要な観点となるのです。

NOTE

2 〈展開〉の観点

　指導案を〈展開〉するに際に、必ずしも「遊び」の全体像を説明する必要はありません。保育者が「遊び」のルールをくまなく説明することは、子どもたちにとっては「我慢」の時間となってしまいかねません。子どもたちは、「遊びながら」体験的に遊びのルールを蓄積して覚えていきます。そのため、保育者は保育内容を〈展開〉するにあたって、まずはその「遊び」が成立するための必要最小限のルール（条件付け）を伝えることを心掛けましょう。〈導入〉で喚起した子どもたちの「やってみたい！」という熱量をさますことなく、まずは「遊んで」みるのです。その後の進行に応じて、活動内容に一つずつ条件を足し示す、あるいは子どもたちが創りだす新しいルールを受け入れることで、「遊びながら」本時のねらいを実践し、より発展的な「遊び」へと導いていくことができるのです。「遊び」のルール（条件付け）とは、その都度に子どもたちにとっての新鮮なサプライズとして、わくわくできるものであることが望まれるでしょう。活動中には、子どもたちの姿を実況中継することに併せて、展開の区切り毎には、その活動内容を楽しくユーモアを交えて子どもたちへのフィードバックを繰り返すことが〈まとめ〉へと繋がります。そのために、〈展開〉において保育者は、子どもたちそれぞれの行動をいかに一期一会の出来事（ライブ）として交感できるかということが重要な観点となるのです。

3 〈まとめ〉の観点

　「今日、楽しかった人？」と子どもたちに質問した上で、「またやろうね！」という声掛けで結ぶことは、まとめといえるでしょうか。子どもたちは、元気の良い返事で目の前にいる大好きな保育者の期待に応えてくれるかもしれませんが、それでは充分ではありません。〈まとめ〉において保育者は、指導案にある遊びのプロセスから導かれた子どもたちの実感的な体験を、「いかに子ども自身がみずみずしい鮮度をもって保護者や友だちに自分自身の表現として伝えられるか」という観点を大切にしましょう。子どもたちそれぞれの個別的な体験を自分自身で「認識した意味そのもの」が〈まとめ〉なのです。そのため、〈まとめ〉における保育者の役割とは、子どもたちの熱量からあがるそれぞれの想いをひきだしながら活動内容を振り返り、その体験を仲間たちで共有し、その場面に応じてこれからの見通しを添えることともいえるでしょう。

4 運動遊びを構成するにあたって

NOTE

運動遊びの指導案と実践を構成していく上で重要な観点とは、子どもたちが「『いつのまにか』自分の身体を信用する」ことを自覚できるようになるための保育の場を継続的・発展的に設定することにあります。保育者は、成績や数値で表される運動能力の優劣を問う以前に、まずは子どもたち自身がしたいように自らの身体を自由に動かし、充実感・達成感を得ることができる場を蓄積していきたいものです。その基盤にあるものは、子どもたちに備えている資質がそれぞれに成熟することを願う想いと、保育者と子どもたちの感性を触れ合わせながら「遊ぶ」という営みなのです。

以下に、これまでに記述した観点を踏まえて「しっぽ取りゲーム」の指導案を例示してみましょう。

（岡　健吾）

NOTE ▶

「しっぽ取りゲーム」実施 POINT

〈対　象〉
◇年少～年長クラス（10名以上が目安）
　→発達段階に応じて、下記の【ゲーム①～③】を段階的に設定する.

〈時　間〉
◇30分を目安に適時配分【子ども体力や実情を考慮. 人数が多いと時間もかかる.】

〈ねらい〉
◇ルールを理解し、しっぽ取りゲームを楽しむ.
◇ゲームを通じて、協調性や仲間意識を育む. ※教育的ねらい
◇指示や合図を聞きわけ、素早く反応する（即時反応）能力を高める. ※教育的ねらい
　　　　　　　　　　　　　　　　　【その他、子どもたちの実情に沿ってねらいを定める.】

〈準備物〉
・しっぽ（何色？何本？何製？）・ホイッスル（何個？）ガムテープ・カラーテープ・設定ストーリー
　に応じた用具等
　　　　　　　　　　　　　　　　　　　　　【その他、必要なものを具体的に記入する.】

Check！

☆大きな声、大きな笛ではっきりと！
☆ユーモアを交えながら、まず自分が楽しもう！
☆座って対話をする＝「静」　⇔　おもいっきり心身を解放して遊ぶ＝「動」のメリハリを！
☆保育者は「行司役」. 子どもを戸惑わせないようシンプルな言葉掛けでテンポよく進行する.
☆どのような場面でも、常に安全に対する配慮を！

〈導　入〉
◇"しっぽ"や"追いかけっこ"等、題材に結び付けられるストーリーをなげかける.
◇子どもにとってのプチサプライズを！ → 子どもが予想していない話が好奇心を引き出す.

〈展　開〉
1. 子どもへの指示を明確に
　◇「シンプル」かつ「リアルタイム」な声掛け.
　　（「保育者のやりたいこと」と「子どもへの言葉掛け」はイコールではない.）
　◇チームの男女バランスを配慮する.
　◇チーム毎に集まる場所を明示しておく. → 色テープ等を事前に用意

2. 全体で共有すべき最低限の内容を、質問や見本を交えながらしっかりと伝える.
　◇しっぽのつけ方（一人3本. 3本すべて取られても、しっぽを取り続けることができる等）.
　◇先生が追いかける、子どもが逃げる【ゲーム①】.
　◇取るしっぽの色をそれぞれのチーム毎に確認【ゲーム②・③】.
　◇新しい条件付け（ルール）.
　◇安全管理上の約束.

3. 実況中継を行う.
　◇ゲーム中は、全員に届かなくとも随時行う.
　◇ゲームの区切り毎の結果発表で実況中継中のエピソードを端的にふりかえる.

【ゲーム①】　保育者が鬼となり、子どもたちのしっぽを取りに追いかけるゲーム.
　　　　　　→「保育者から逃げる」ことを意識する場の設定.

【ゲーム②】　各チーム対抗で、自分のチーム色以外のしっぽを取るゲーム.
　　　　　　→「相手チームから逃げる」・「相手チームのしっぽを取る」ことを意識する場の設定.

【ゲーム③】　各チーム対抗で、保育者が「指定した色」のしっぽを取るゲーム.（最低3チーム以上）
　　　　　　→ゲーム②に併せて、"複合的な即時反応"を促す場の設定.
　　　　　　～例：「赤」・「青」・「黄」の3チームの場合～
　　　　　　　「赤」を指定→「赤」は"青・黄から逃げ""青"・"黄"は"赤を取る"
　　　　　　　「赤と青」を指定→「赤」は"青・黄から逃げ"ながら"青を取る"
　　　　　　　「青」は"赤・黄から逃げ"ながら"赤を取る"
　　　　　　　「黄」は"赤と青を取る"

〈まとめ〉
◇最後に、大量にしっぽをつけた先生が全員から逃げ回る.
　→本気で逃げても良し、ユーモアをもってわざと転んでも良し、保育者の個性を発揮する.
◇もう一度、楽しかったエピソードや全体の結果をユーモアを交えてふりかえり、共有する.
　→子どもが「〇〇な出来事が楽しかった！」「またやりたい‼」と、自分自身の表現で保護者に遊
　　びの熱量を伝えられるか？

～指導案例～

○○○○年 ○月 ○日（○曜日）

園名	認定こども園		5歳児 パズル組 男児 12名・女児 12名 合計 24名

準備物
- しっぽ（赤・青・黄色、各24本/保育用しっぽ30本）
- ホイッスル（1個）
- ガムテープ（1個）
- カラーテープ（赤・青・黄色 各1個）

活動対象	ねらい
しっぽ取りゲーム	・ルールを理解し、しっぽ取りゲームを楽しむ。 （・ゲームを通じて、協調性や仲間意識を育む。） （・指示や合図を聞いて自分で反応する能力を高める。） ※（カッコ）内は教育的ねらい

環境構成／留意点
〈ホール〉 ○○○○○○○○○○○ 女子 ●●●●●●●●●●●● 男子 □ 保育者 ・男女共に人数が異なる場合は適時調整する。 ・人数を安全を考慮した活動場所を設定する。

時間	活動の流れ／予想される子どもの活動	保育者の援助・働きかけ
10:00	**〈導入〉** ・男女別に各1列に並び、その場に座る。 ・野外でサルのしっぽを捕まえる夢をみた、というストーリーを聞く。 ・保育者の話を聞いて、新しい遊びに関心を持つ。	・男女別に各1列に並び、完了後後ろを向くように声掛けをする。 ・野外でサルのしっぽを捕まえる夢をみた、というストーリーを投げかける。 ・ストーリーにまつわる遊びを考えることを、一緒にやろうと誘う。 ・子どもたちの関心に応じてストーリーを用いる。以下、ストーリーに応じてネーミングを変更すること。
10:05	**〈展開 1〉～チーム分け** ・各チームに移動し、円形になる。 ・その場に座る。	・列の横から赤・青・黄色チームに分け、一人ずつ渡して色を移動して色印を並んで形になるように伝える。 ・その場に座るよう伝える。
	〈展開 2〉～ゲーム① ・しっぽを受け取り、ひとり3本までのしっぽをつける。 ・左右の腰、黄後ろに1本ずつ計3本つける。 ・前から見て、足の色が見える位置にする。 ・ジャンパースカート等でしっぽをつけられない場合は、保育者がガムテープで留める。 ・配慮が必要な子どもは早めに対応するため、しっかりと周りを見ながら動くよう促す。 **【ゲーム①】** 保育者が鬼となり、子どもたちのしっぽを取りにかけるゲーム。 ・ギリギリまで追いつめてから「転ぶ」など、序盤はしっぽを取らないようにして活動を盛り上げる工夫をする。 ・子ども1人につき2本以上は取らないよう配慮する。 「一人から二本に[押す]」など、ユーモアを交えて実演する。	・各チームにしっぽを24本ずつ配り、一人3本持てるよう伝える。 ・各チームの大人の腰に見本を見せ、しっぽをつけるように声を掛ける。 ・各自、しっぽをつけるようにお互いに手伝い合うよう声を掛ける。 ・全員にしっぽ活動の確認についているのかを互いに確認をする。 ・活動エリアを明確にし、安全性を確保する。 ・保育者が「サルの山のポス」になり、しっぽを取ることを伝える。 ・節が取れたら、しっぽを取られないように逃げることを伝える。 ・ゲーム中の楽しんだビジョンを呼び掛け、感情等を聞く。 ・上記に併せて、2、3人の子どもを呼びかけ、全体に条件を示して訓練を促す。
10:15	**〈展開 3〉～ゲーム②** ・話を聞いて、時計を高める。 ・ゲーム毎にしっぽを受け取り、ひとつ3本ずつしっぽを再度つけあおう。 ・逆方向の目印になり、その場に座る。 ・遊げるのをやめ、保育者に注目する。 ・チーム毎に円になり、その場に座る。 ・結果を聞いて、各々が喜んだり悔しがったりする。 ・保育者の話を聞いて、各々の感想を発表する。 ・興味・関心を引き出す。 ・活動エリアを見渡し、実況中継に興奮する。 **【ゲーム②】** 自分のチーム色と同様の準備と配慮をする 各チーム色のしっぽを取るゲーム。	・大きく笛を鳴らして開始の合図をし、子どもたちを追いかける。 ・追いかけながら「転んだ」「取ったぞ」等、しっぽを取られないよう実況中継を繰り返す。 ・大きく笛を鳴らして終了の合図をし、集合を促す。 ・チーム毎に円になり、その場に座るよう伝える。 ・しっぽの数を数える。 ・活動エリアを見渡し、安全性を確保する。 ・曲の合図で開始することを再確認する。 ・次のゲームでは、チーム対抗戦を行うことを伝える。 ・ゲーム①時と同様にしっぽをつけるよう声を掛け、確認をする。 ・自分のチーム色の「取ったぞ」の数を数える。
		・次のゲームでは、チーム対抗戦を行うことを伝える。 ・ゲーム①時と同様にしっぽをつけるよう声を掛け、確認をする。 ・自分のチーム色の数を数える。 ・代表者に答えてもらう。 ・各チーム毎にしっぽの数を答える。 ・活動エリアを見渡し、安全性を確保する。 ・チーム毎に集まって代表者を与える。 ・各チームにしっぽを各々、保育者に渡す。取ったしっぽを各々、保育者に渡す。 ・上記しっぽと同様に①②を数回繰り返す。 ・ゲーム中の楽しいビジョンを呼び掛ける。
10:25	**〈展開 4〉～ゲーム③** ・話を聞いて、時計を高める。 ・ゲーム②時と同様にしっぽをつける。 ・逆方向に変え、保育者の黄色に答える。 ・指定された色のしっぽを取り、逃げたら追いかけたりする。 ・チーム毎に円になり、その場に座る。 ・一番多くしっぽを取ったチームで賞、ナイスチームワークで賞、一番優しかったチームでマナーしっぽを数えた数で賞を与える。 **【ゲーム③】** 各チーム対抗で、保育者が指定した色のしっぽを取るゲーム。 （色指定例）赤→青→黄色→赤→青→黄色→青→赤→黄色	・自分のチーム色以外のしっぽを取ることを伝える。 ・ゲーム②時と同様にしっぽをつけるための声を掛ける。 ・笛を鳴らした後、大きな声で指定したしっぽの色を言う。その色を取ったチームで、3色をそれぞれ大きな声で指定する。 ・各チームの数を確認する。 ・逆方向に変え、各チーム毎にしっぽの数を答える。 ・上記しっぽとゲーム②を数回繰り返す。 ・保育者がまとめ、取ったしっぽを各々、保育者に渡す。 ・次のゲームではチーム対抗戦を行うことを伝える。
10:35	**〈まとめ〉** ・話を聞いて、時計を高める。 ・その準備を行い、しっぽをつけるための作業を行う。 ・指定された色のしっぽに対して、逃げたり追いかけたりする。 ・ゲーム②と同様。	・保育者は「サル神様」になる。 ・最後にユニモアと共に転回し、たくさんのしっぽを取られた子どもに数回確認する。 ・保育者がしっぽを指定した色のしっぽを取ることを伝える。
10:40	・全員で保育者を追いかける。 ・各々で保育者にしっぽを渡す。 ・再びその場に座る。 ・保育者の話を聞く。	・笛を鳴らした後の合図で、保育者が指定した色のしっぽを取ることを伝える。嫌わり色のしっぽを指定した子どもから子どもたちから感謝する回数を多く取り、嫌わる子どもの活動を喜び、活動を終了する。

第7章　子どもの遊びの指導案作成　79

保育者として子どもを育むために

休息の取り方について②

○積極的休養（アクティブ　レスト：active rest）

　代表的なものは軽い有酸素運動で酸素供給を活性させることです。有酸素運動は酸素を体内にとりいれ、各細胞に供給することで組織全体を活性させる働きを助けることが目的です。また心肺機能を正常に保ち、脂肪燃焼にも高い効果を発揮させることもできます。軽いジョギングやウォーキング、ストレッチなどで軽くからだを動かし、血流を良くすることで新陳代謝を活発にし、疲労を身体から取り除きやすくさせます。また、軽い運動は脳内にセロトニンやエンドルフィン、ドーパミンなどの気分を良くする神経伝達物質を分泌する効果があることが実証されています。その際に運動頻度と強度がポイントになります。ジョギングやウォーキングのように少し強度の高い運動は時間を確保する必要があるため計画的に日課や週間予定に組み込みましょう。これらの運動は気分を良くするホルモンなどを多く分泌されますから、目的である「休養」から「トレーニング」にならないような計画が大切となります。例えばジョギングやウォーキングは、毎日行う必要はありません。時間も20分程度で、週末型や休日の余裕のある日に行うことでも問題はありません。

　日常的に手軽に行うことができるのは首回し運動です。首を回すことで縫線核（ほうせんかく：脳幹部にあり、ここにセロトニンが存在する）を刺激し首や肩こりの解消、目の疲れを解消することができます。まず首を前後左右、それぞれ10秒程度傾けます。そして、時計回りに5回、反時計回りに5回ずつ回す運動を行います。これだけでもセロトニンの分泌を促すと言われています。次に肩甲骨を自由に動かす運動です。胸を張るようにして、肩甲骨を引き寄せ、背中を丸めるようにして肩甲骨を引き離す運動を5〜10回行います。最後に片足立ちでは、最初は何かにつかまりながら、1分間を目安にします。慣れてきたら、3分、5分と時間を延ばすと良いでしょう。こうした片足立ちは全身の筋バランスを整えることができます。

（大塚　正美）

第8章
基本的生活習慣の形成

NOTE

　基本的生活習慣とは、日々生活する上で必要な習慣のことを意味しており、一般的に「睡眠」、「食事」、「排泄」、「衣服の着脱」、「衛生」の五つの習慣にまとめられます。子どもが生活に必要な基本的習慣を身に付けることは、生涯にわたり健康な社会生活を営む上で必要不可欠です。本章では、この「五つの習慣」を身に付ける意義について学習します。

I　睡眠

　睡眠は、疲労回復だけでなく脳やからだを育てる役割を持っており、子どもの心身の発育発達に重要な役割を果たしています。睡眠の仕組みや役割、各年齢で必要な睡眠時間について整理し理解しておきましょう。

1　睡眠の役割

　睡眠は、子どもの心身の発育・発達にとても大切な役割を果たしています。
　睡眠中は、主に成長を促す脳内物質の成長ホルモンと眠りを誘い睡眠のリズムを整えるメラトニンが分泌されます。
　成長ホルモンは、疲労を回復させ、骨や筋肉、からだのあらゆる器官の成長を促すなどの働きを持っており、入眠直後の深い睡眠時（ノンレム睡眠）に多く分泌されます。子どもが健やかな成長・発達を遂げるためには、睡眠時に十分に成長ホルモンが分泌されることが重要です。
　メラトニンは、幼児期に多く分泌され、眠りを誘い睡眠のリズムを整えるとともに、思春期まで二次性徴を抑える働きがあります。夜、メラトニンが多く分泌されることは、からだをしっかり休める良い睡眠を得るために必要不可欠です。メラトニンがしっかり分泌されるためには、メラトニンの材料であるセロトニンというホルモンが日中にしっかりと分泌されている必要があります。セロトニンは、日中活動を活き活きと過ごすことに関わるホルモンで、情緒的・身体的な安定感をもたらしてくれます。そのため、日中に充実感のある活動を行いセロトニンが分泌されると、夜もぐっすり眠ることができます。

2 睡眠の種類

　ヒトの睡眠は、一晩で浅い眠りのレム睡眠と深い眠りのノンレム睡眠の二つの種類の睡眠を交互に数回繰り返します。レム睡眠は、夢を見ながら日中に経験したことの情報整理を行い、記憶の定着を促す働きがあります。ノンレム睡眠は、ぐっすり眠ることで心身をゆっくり休める働きがあります。発達段階（年齢）に応じて、ノンレム睡眠とレム睡眠の割合も変化し、発達（年齢）が進むほど一晩の睡眠時間に占めるレム睡眠の割合が減少していきます。（図1）

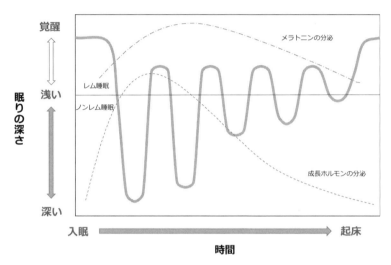

図1　睡眠のリズムとホルモンの分泌
(Dement & Kleitman　1957　神山　2003　を参考に執筆者が作成)

3 睡眠時間

　乳幼児期の睡眠は、個人差が大きいものの、1日の合計睡眠時間は、18時間から10時間程度となり、成長と共に夜は長い時間眠り、昼は活動するという生活リズムが整ってきます。表1は、米国立睡眠財団が示している年齢別に1日に必要な睡眠時間です。

表1　1日に必要な睡眠時間

年齢	必要な睡眠時間
新生児（0〜3ヶ月）	14〜17時間
乳児（4〜11ヶ月）	12〜15時間
幼児期前期（1〜2歳）	11〜14時間
幼児期後期（3〜5歳）	10〜13時間
学童期（6〜13歳）	9〜11時間
ティーンエイジャー（14〜17歳）	8〜10時間
大人（18歳〜）	7〜9時間

(National Sleep Foundation in USA,2015より作成)

　具体的には、新生児は、数時間おきに「眠る〜授乳」を繰り返し、徐々に日中に眠る時間が減り、夜眠る時間が増えていきます。1歳ころには、日中に午前2回、午後1〜2回の睡眠をとり、夜眠るようになります。その後、徐々に午睡が1回程度になり、小学生になるころまでには、大人と同様の睡眠パターンを獲得していきます。

Ⅱ 食事

食事は、生命の維持、心身の発育に欠くことのできない重要な役割を果たすとともに、満足感や喜び、楽しみ、感謝の気持などをもたらします。食事の役割や各年齢での食形態、食事のリズム等について整理し理解しておきましょう。

1 食事形態と食事のリズム

子どもの食事形態は、発達に合わせて「哺乳→離乳食→幼児食→普通食」へと変化していきます。具体的には、新生児には哺乳が中心となり、食事に興味を持ち始める5・6カ月ころに哺乳から離乳食へと移行、乳歯が揃う1歳半ころから幼児食へと移行していきます。そして5・6歳ころから大人と同じような普通食へと変わっていきます。

乳幼児は、胃が小さいため1回で摂取できる食事量が限られています。そのため、朝昼晩の3食以外に、間食を摂り、不足しているエネルギーや栄養素を補う必要があります。1日の食事量の配分は、朝食と昼食にしっかり（25～35％）、夕食は少し軽め（20～30％）にし、間食は、朝食と昼食で補えなかった分（10～20％）を補うのが望ましいとされています。また、摂取した食事は、おおよそ2～3時間後にエネルギーに変わるため、1日の活動を見通して十分に活動できるエネルギーを補えるよう調整していきます。特に朝食は、1日の活動の最初のエネルギー源となるため、欠かさずに摂取することが重要です。

2 食事方法

　子どもの食事方法は、手指の運動発達が密接に関わっており、発達に合わせて「手づかみ→スプーン（上握り→下握り）→お箸」と変化していきます。具体的には、生後9・10カ月ころから手づかみ食べができるようになり、1歳ころから自分で食べたがる姿が見られます。また、スプーンやフォークを持ちたがるようになり、手づかみ食べと並行しながら、徐々にスプーンやフォークを持って食べられるようになります。そして3歳ころにはお箸が持てるようになるなど徐々に食具を使って食べるようになります。また、発達とともに手よりも食具を用いて食物を口に運ぶ割合が高くなり、5歳児では料理の種類に関わらず食具を使って食べる行動が定着します。

表2　食事方法と年齢の目安

（年齢の目安）	6カ月ころ	1歳半ころ	3歳ころ	5歳ころ
食事形態	ほ乳	離乳食	幼児食	普通食
摂取方法	手づかみ	食具の上手握り	食具の下手握り	お箸

3 食事をとおして育みたい心

　2005（平成17）年に成立した食育基本法では、食をとおして国民の健全な心身と豊かな人間性を育む教育をしていくことを強調しています。食育基本法では、「食育」を「生きる上での基本であって、知育、徳育及び体育の基礎となるべきもの」、「様々な経験を通じて『食』に関する知識と『食』を選択する力を習得し、健全な食生活を実践することができる人間を育てること」と位置づけています。そのため保育・教育要領等においても、子どもの健康は「食」の上に成り立っているという考えのもと、領域「健康」を中心に、食事に関する内容の充実が図られています。

　乳幼児期の食事では、食べる喜びや楽しさ、食べ物への興味や関心を通じて自ら進んで食べようとする気持ちを育むことが大切です。領域「健康」のねらいと内容にも記載があるように、子どもが望ましい食習慣を形成するとともに和やかな雰囲気の中で保育者や友達と食べる喜びや楽しさを味わい、様々な食べ物に興味や関心を持ち、進んで食べようとすることは、健康な心とからだを育てることに繋がります。

III 排泄

排泄は、からだの生理的機能であるとともに、自分のからだを自分でコントロールしているという自立の感覚や衛生習慣への気づきなど、社会性を育てていく上での重要な役割を果たしています。排泄習慣の役割や各発達段階での排泄の特徴について整理し理解しておきましょう。

1 排泄回数と発達

排便機能の発達に伴い新生児期には1日数回、生後3カ月ころに1日2～3回、2歳ごろには1日2回で、4歳をすぎると1日1回程度が正常排便回数の目安とされています（数日に1回の乳児もいます）。個人差はあるものの月齢や年齢があがるにつれて、排便回数は、おおよそ1日1～2回に集約されてきます。さらに母乳は、人工乳に比べて排便回数が多い傾向があります。また形状も、食事形態が「哺乳→離乳食→幼児食→普通食」へと変化するにつれて、水様・泥状の便から形のある便へと変化していきます。

排尿は、排尿機能の発達に伴い生後半年ころまでは1日15～25回、生後6カ月～1歳ころに1日10～15回、2歳ころには6～12回で、3～5歳ころは1日5～9回程度が正常な排尿回数の目安とされています。個人差はあるものの月齢や年齢があがるにつれて、排尿回数は、おおよそ1日4～7回程度に集約されてきます。

おおよそ2～3時間後にエネルギーに変わるため、1日の活動を見通して十分に活動できるエネルギーを補えるよう調整していきます。特に朝食は、1日の活動の最初のエネルギー源となるため、欠かさずに摂取することが重要です。

表3 排尿機能の発達と年齢の目安

年齢の目安	排尿回数	尿量	膀胱機能
0～6カ月	15～25回	15～300ml	・尿がたまると反射的に排尿する。
6カ月～1歳	10～15回	300～400ml	・排尿反射に対して脳が抑制するよう働く。
1～2歳	6～12回	400～600ml	・膀胱充満・排尿感覚を意識する。 ・排尿が少し我慢できる。 ・尿を漏らしてから知らせる。
2～3歳			・少量だと自分の意志で排尿出来ない。 ・排尿がかなり我慢できる。 ・尿を漏らす前に知らせる。
3～4歳	5～9回	600～700ml	・意識的・無意識的に排尿を抑えられる。 ・昼間遺尿（おもらし）・夜尿が減る。
4～5歳			・少量でも自分の意志で排尿出来る。 ・夜尿がなくなる。
5歳以降	4～7回	700～900ml	・自分の意志で排尿をコントロール出来る。

（寺島和光."小児の膀胱機能─正常の排尿と機能的排尿異常." 総合リハビリテーション 15.6 (1987)：427-432. より作成）

2 排泄とこころの発達

子どもは排泄をとおして自分のからだを上手くコントロールする感覚を得るともに、排泄が上手にできないかもしれないという「疑い」やできないときに感じる「恥ずかしい」という心の葛藤を経験し、自分の意志でやりたい・やれるという自立性を獲得していきます。

新生児期は、適切なおむつ交換により心地よい体験をし、その後、おまるに座る、パンツを履くなどの経験を経て、尿意や便意を知らせるようになります。2歳ころから自分で排便・排尿するようになり、3歳ころから自分の意志でトイレに行き、後始末を自分で行うようになります。特にこの頃は失敗することも多いため、「恥ずかしい」という気持ちが強く出てきますが、失敗や成功体験を積み重ねて徐々にコントロールできるようになります。4歳ころになると排便（排尿）時に紙を使えるようになり、4歳後半〜5歳ころに完全に自立していきます。

Ⅳ 衣服の着脱

衣服は、体温調節や健康、身体の安全を守るための重要な役割を果たしています。特に体温調節機能が未熟な乳幼児にとっては、風邪などを予防することや、命を守ることに繋がります。衣服の着脱の自立の過程や各発達段階での特徴について整理し理解しておきましょう。

1 衣服の着脱と発達

　衣服の着脱は、脱ぐこと（脱衣）から先に発達し、自分で着ること（着衣）が出来るようになります。個人差はあるものの1歳半ころから一人で脱ごうとするようになり、2歳ころには一人で着ようとするようになります。2歳半から靴を履くことや帽子をかぶることができるようになり、3歳～3歳半ころからパンツを履く、両袖を通す、前ボタンをかける靴下を履くことができるようになります。衣服の着脱は、運動発達と密接に関わっているため、運動発達の原則に沿って、大きい動き（粗大運動）から細かい動き（微細運動）の発達（運動の分化）とともに自立に向かっていきます。

表4　着脱行動の自立と年齢の目安

平均年齢	着脱行動の自立
1歳6カ月	衣服を一人で脱ごうとする
	少し手伝えば、靴下が履ける
2歳	衣服を一人で着ようとする
2歳6カ月	一人で靴を履ける
	帽子を一人で上手にかぶれる
3歳	一人でパンツを履ける
3歳6カ月	一人で片方の袖を通すことができる
	両袖を一人で正しく通せる
	前ボタンが一人でかけられる
	一人で衣服が脱げる
	一人で衣服が着られる
	靴の留め金を留めることができる
	一人できちんと靴下を履ける
4歳	前スナップを一人ではめられる
5歳	脇ボタン・脇スナップがかけられる
6歳	袖口のスナップが掛けられる
6歳6カ月	肩ボタン・肩スナップが掛けられる
7歳	後ボタン・後スナップを一人でかけられる
	袖口のボタンがかけられる
8歳	靴ひもを花結びにできる

（谷田貝公昭、高橋弥生　第3版データでみる幼児の基本的生活習慣―基本的生活習慣の発達基準に関する研究―（一藝社）より作成）

2 衣服の管理

　子どもは、個人差はあるものの3～5歳ころに着脱の習得をとおして衣服の形を理解し衣服の管理ができるようになっていきます。おおよそ着脱が可能になる3歳ころに、保育者の援助のもと衣服の管理を覚えていきますが、最初は「たたまない」「たためない」、あるいは機嫌によりやろうとしない事もあるため保育者の援助が必要となります。5歳ころになるとほとんどの子どもが援助なく「脱いだ服を表に返す」「脱いだ衣服をたたむ」などができるようになります。

3 気候や気温に合わせた衣服の選択

　子どもは大人に比べて体温調節機能が未熟なため、室内外の温熱環境によって体温が変化しやすく影響を受けやすいと言えます。衣服の管理と同様に、着脱の習得をとおして衣服の特徴を理解し、自分で必要に応じた服が選択できるようになっていきます。例えば、日差しが強いから帽子をかぶる、雨が降っている日には雨具を着る、寒い日には手袋やマフラーするなどが挙げられます。そのため、「脱ぐ」「着る」「たたむ」といった技術だけでなく、季節や気候、気温に気付き、それらに合わせた衣服を選ぶようになることも大切です。

V 衛生

衛生は、「手洗い・うがい」「歯磨き」「鼻かみ」「汗を拭く」などが含まれ、子どもが身の周りを清潔に保ち、健康を維持していく上での重要な役割を果たしています。衛生習慣の役割や各発達段階での特徴について整理し理解しておきましょう。

1 衛生習慣と発達

子どもの衛生習慣は、保育者の援助を通して心地よさを味わい必要性を理解していくともに、身に付けていきます。しかし、衛生習慣は他の生活習慣よりも道具を操作する場面が多く、歯ブラシを使って歯を磨く、手で水をすくって顔を洗う、ティッシュを上手に使って鼻をかむなど手先を上手に使えないとできないため、自立までに時間がかかります。

表5 衛生行動の自立と平均年齢

平均年齢	衛生行動の自立
1歳6カ月	就寝前の歯磨きが習慣となる
2歳6カ月	うがいができる
	一人で手を洗える
3歳	顔を洗った後、一人で顔を拭ける
	せっけんを使い一人で手を洗える
4歳	髪をとかすことができる
	一人で顔を洗える
	鼻を一人でかめる
5歳	朝の歯磨きが一人でできる

（谷田貝公昭、高橋弥生　第3版データでみる幼児の基本的生活習慣―基本的生活習慣の発達基準に関する研究―（一藝社）より作成）

ほとんどの衛生習慣は、4歳ころから一人で行えるようになってきますが、4歳では不十分なことが少なくありません。例えば、手洗いで泥が落としきれていない、歯磨きで歯の汚れが落ちきっていない、うがいで水を口に含んですぐに吐き出すだけなどの場合があります。

2 衛生習慣と意欲

子どもは、おおよそ2歳ころから手を洗うことや拭くこと、歯みがきをするなど、大人の行動に興味をもつようになります。子どもの「やってみたい」「やりたい」という気持ちを引き出し習慣化していくとは、自ら進んで行動しようとする気持ち（意欲）を育てることに繋がります。例えば、「歯磨き」では、4歳で歯磨きを「自分からする」子どもは、「言われればする」子に比べて4～12歳までのどの年齢においても、歯科医通院率が低いことがわかっています。そのため、保育者は子どもの「やってみたい」「やりたい」という気持ちを受け止め、子どもが一人で上手にできなくても「気持ちが良い」と感じられるように援助し、気持ちを育てていくことが、幼児期以降の健康にも繋がります。

（上村　明）

第9章 基本的生活習慣を育む指導法

NOTE

●評価
援助・指導をしていくための子ども理解

　基本的生活習慣は、子どもが自然に身に付けるものではなく、家庭や園での生活の中で、周囲の様子や周囲の大人との関わりをとおして学習していきます。子どもが、基本的生活習慣を身に付けるには、どのように支援していけば良いのでしょうか。本章では、現代の子どもを取り巻く状況を踏まえ、基本的生活習慣を身に付けていくための指導や援助の方法について考えます。

Ⅰ 基本的生活習慣を形成するための指導のポイント

1 習慣として身に付けていくプロセスを大切にする

　基本的生活習慣は、生活の中で日々繰り返すことにより身に付いていきます。そのため、一時的な「できる・できない」に注目し**評価**するのではなく、習慣として身に付けていくプロセスに注目し評価していく必要があります。

2 子どもの運動発達を理解する

　基本的生活習慣を身に付けていくプロセスには、運動発達が密接に関連しています。そのため、基本的生活習慣を身に付けていくための援助や指導を行うためには運動発達について理解し、子どもの発達を正しく評価することが重要です。例えば、スプーンの使い方は手先の運動発達が関係しています。手の指先と掌握の運動発達がゆっくり進んでいる場合は、上握りで上手に使えずにこぼしてしまったりします。保育者がただ叱るのではなく、保育活動の中で子どもの運動発達が促されるよう粘土などの手先の運動を使った遊びをたくさん取り入れる等、遊びを工夫することができれば 遊びをとおした総合的な指導が可能となります。

90

3　必要性の理解と自主性を育む

　訓練のように身に付けた基本的生活習慣は、子どもにとって主体的な活動とはいえません。例えば、訓練のように援助・指導され、園で衣服の着脱ができるようになったとしても、着脱することに苦痛を感じ家庭でやろうとしなければ習慣が身に付いたとはいえません。子どもが習慣そのものの必要性を理解し、自ら進んで行えるように援助・指導を考えていくことが大切です。

　必要感や自主性を育むためには、子どもが「気持ちが良い」、「すっきりした」などの心地よい感覚や経験をすることが大切です。保育者は、子どもが「気持ちが良い」、「すっきりした」などの心地よい感覚や経験を得られるように工夫し、必要感を育む声掛けを行うことが大切です。また、子どものやりたい気持ちやできた時の嬉しい気持ちに寄り添い、「自分でできた」という達成感や「自分でやる」という自発的な気持ちを引き出せるように関わることが、次の「やりたい」気持ちにつながります。

4　園と家庭の生活リズムをつなげる

　基本的生活習慣を身に付けるためには、園での生活だけでなく、園と家庭での継続的な取り組みが必要不可欠です。しかし、園に通っている子どもの家庭の状況は、ひとり親家庭や共働き家庭、おじいちゃんやおばあちゃんと一緒に暮らしているなど、様々です。そのため保育者は、「子どもが育つ環境はそれぞれ違う」ということを理解した上で、園と一人ひとりの子どもの家庭の生活リズムが繋がるよう保護者と情報を共有し連携しながら、「共に」成長を見守り、育てていくことが大切です。

5　モデルや見本になるよう常に意識し行動する

　子どもは園で一緒に過ごしている友達だけでなく身近な大人や保育者の行動を見て真似をします。これは、モデリング（観察学習）という学習方法のひとつと考えられます。子どもに正しい生活習慣を身に付けてほしいと願うのであれば、日常で大人が無意識に簡略化・省略していることでも、保育者は子どもの見本になるよう常に意識し行動する必要があります。

NOTE

Ⅱ　基本的生活習慣を育む具体的な保育者の関わり

1　睡眠の自立

　睡眠の自立で目指すことは「①十分な睡眠時間の確保」、「②深い睡眠の獲得」、「③良い寝つきの獲得」、「④起床就寝時刻にリズムのある生活」です。特に、「②深い睡眠」と「③良い寝つき」を獲得するためには、日中に十分にからだを動かすことがポイントです。

　日本の子どもの睡眠は、他国と比較して遅寝・短時間であることが報告されています。子ども（生後０〜36ヶ月）の合計睡眠（夜の睡眠時間＋昼寝の時間）の国際比較を見ると、日本は 11.62 時間で、最長のニュージーランドの 13.31 時間と比べると１時間半以上短く、調査 17 カ国中最も短時間睡眠となっています。（図１）その原因は、大人の夜型生活が影響していると考えられています。

　子どもの毎日の生活が夜型化し、「遅寝遅起き」のリズムになると、体温のリズムが普通より３〜４時間遅れるといった影響が出てきます。その結果、夜に体温が高くなってしまい寝つけず、朝は眠っているときの低い体温で活動を開始しなければならないのでからだが目覚めず、動きは鈍く、食欲もなくなるという悪循環が生じてきます。（図２）さらに子どもの睡眠リズムが乱れると、食事のリズムが乱れて、朝食の欠食・排便リズムの乱れへとつながっていきます。その結果、朝から眠気やだるさを訴えて午前中の活動力が低下し、運動発達の抑制や体力低下を招くとともに、自律神経の働きが弱まって昼夜の体温リズムが乱れてきます。また、近年の研究では、睡眠不足の子どもは、活動量が低下し、大人になったときに肥満になるリスクが高まることもわかっています。さらに、生活リズムの乱れは、子どもの高次脳機能の発達に影響している可能性があり、生活リズムが乱れている子どもは、図形の模写が上手にできない、人とうまくかかわれない、すぐにパニックになる、理由なく攻撃するなどの情緒面にも影響していることが報告されています。

　保育者は、様々な事情の家庭があることを理解し家庭と連携し、子どもの日中の運動量を確保できるよう心掛けると良いでしょう。睡眠は、食事や日中活動（運動）、生活リズムにも関係している点からも大事にしたい指導内容です。

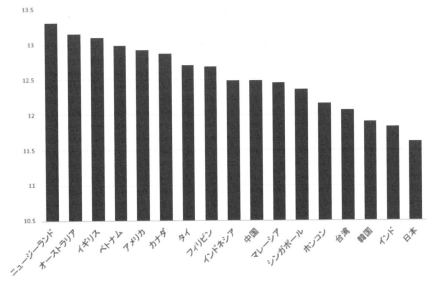

図1　0〜3歳児における総合した睡眠時間の国際比較
(Mindell, J. A., Sadeh, A., Wiegand, B., How, T. H., & Goh, D. Y. 2010. Cross-cultural differences in infant and toddler sleep. Sleep medicine, 11(3), 274-280. より作成)

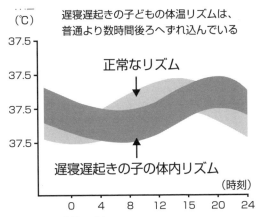

図2　1日の体温リズム
(前橋明．2001．子どもの心とからだの異変とその対策について．幼少児健康教育研究，10(1), 3-18. より作成)

NOTE

2 食事の自立

　食事の自立で目指すことは「①発達に合わせた食事形態の変化」、「②食事方法の獲得」、「③食生活の獲得」、「④マナーの獲得」といえます。特に、乳幼児の食生活は保護者の食生活が影響しており親が朝食を毎日食べる家庭では子どもが朝食を食べている割合が高く、親が朝食を欠食する家庭では子どもも朝食を食べない割合が高い傾向にあります。幼児期の子どもであれば、毎朝欠かさずに朝食を摂取することが望ましいでしょう。しかし、生活状況調査いくつかの調査の結果を見ると、毎朝欠かさずに食べている子どもが9割強、朝食を摂取していないまたは、不定期という子どもが1割弱いることが報告されています。私たちの体温は、睡眠時には下がっているため、朝食を摂取することで体温が上がり、脳にエネルギーがいきわたり心身ともに元気に活動することができます。一方、朝ごはんを欠食してしまうと、体温は上がらず脳もエネルギー不足になってしまい、集中力のない状態に陥ります。そのため、登園しても、集中できずイライラしてしまい、伸び伸びと充実した活動ができなくなります。

　保育者は、子どもに関わるだけでなく、保護者に理解と協力を求め、食に対する意識を高めていくことが重要です。

3 排泄の自立

　前章で述べたように、排泄はからだの生理的機能であるとともに自分のからだを自分でコントロールできるという感覚、さらには衛生習慣への気づきなど、心身の発達と社会性を育む重要な役割を果たしています。排泄の自立で目指すことは「①排泄のコントロール」、「②『恥・疑惑』の経験」、「③自立性の獲得」といえます。

　保育者は、特に個人差への配慮、食生活リズムへの配慮、心理面への配慮が大切といえます。排泄は、生理的機能の発達との関わりが強いため個人差に配慮し長期的な視点を持って支援していく必要があります。また、排便リズム、食事内容や水分、運動習慣などの生活リズムも影響してくるため、生活リズムを把握し改善に努めることが重要です。そして、子どもは、環境が変化した時や精神的に不安定な時に排泄のコントロールができなくなる場合があるため、家庭の状況などにも気を配り、子どもの心理面への配慮をしていくことが重要です。

4 衣服の着脱の自立

　衣服の自立で目指すことは「①衣服の着脱」、「②衣服の整理整頓」、「③気候に合わせた衣服選び」といえます。衣服の着脱においては、手先の運動発達を待たなければならないものが多く、例えば、着脱のボタン掛けなどは指先に力を入れて細かいものをつかめるようにならないと難しいといえます。衣服の整理整頓においては、次の活動に気持ちよく移行することができ、脱いだ服をまた次に着る時にスムーズに着ることができます。気候に合わせた衣服選びにおいては、上手に衣服を選べるようになると、遊びに集中できるとともに体調を崩さずに済むでしょう。また、衣服の整理整頓や気候に合わせた衣服選びという活動が、先の活動とどのように結びついているのかを予測できるようになると、より習慣として身に付きやすくなります。

　保育者は、子どもの運動発達の状況と照らし合わせながら、子どもが自分自身のからだをとおして必要感を感じ行動できるよう促し、自ら進んで着替える気持ちを育めるよう援助・指導していくことが重要です。

5 衛生の自立

　衛生の自立で目指すことは「①積極的な行動」、「②必要性の認識」、「③衛生行動スキルの獲得」といえます。積極的な行動においては、子どもは2歳頃から大人の行動に興味を持つようになります。この時期に、子どもの「やってみたい」「やりたい」という気持ちを引き出し習慣化していくことは、自ら進んで行動しようとすることにつながるといえます。また、子どもが衛生習慣の必要性を認識するためには、ただ「やりたい」気持ちに寄り添うだけでなく、子どもがやってみた後に「気持ちが良い」と感じられるように援助していくことが大切です。しかし、衛生行動スキルの獲得には、衣服の着脱と同様に運動発達を待たなければならないものが多く、上手にできないことがあるでしょう。上手くできなくても、子どもの「やってみたい」という意欲や、「気持ちが良い」という感覚を損なわないよう関わることが求められます。衛生習慣は、昼食後の歯磨きなど、決まった場面や時間に同じ順序で繰り返されることが多く、習慣が身に付くことにより見通しが立てやすくなるといえます。

　保育者は、子どもが積極的に行動するよう促すだけでなく、子ども自身がその必要性を理解し、発達に合わせて衛生スキルが上達するよう援助・指導していくことが重要です。園での取り組みを家庭と共有することができれば、より確実に身に付けていくことができるでしょう。

（上村　明）

第9章「基本的生活習慣を育む指導法」のまとめ

1. 以下の事例の指導内容（導入と展開）を考えてみましょう。

> あなたは、3歳児クラスの担当です。
> 気分により、着替えようとしない子どもが多く、脱いだ服をたたむ経験が十分ではありません。
> あなたならどのような保育を展開しますか？導入と展開の2段階で構成してください。

例：【導入】絵本「もう脱げない」を読む
　　【展開】紙袋を用いたワンピース作りを行い、上手にたたむ練習をする

導入案

展開案

2．以下の事例の支援について考えてみましょう。

A君は、4歳児です。毎朝登園しても午前中はボーっとしていることが多く、なかなか活動に集中できません。ようやく遊び始めても友達のおもちゃを奪ってしまうなどイライラしている様子が伺えます。保護者の話では朝ごはんもあまり食べられていないとのことでした。
あなたならA君と家庭にどのような支援をしますか。
A君の園での活動と家庭との連携の二つの側面から支援を提案してください。

① A君の園での活動

② 家庭との連携

第10章
現代社会と子ども

NOTE

　現代の子どもたちは、他者（人・モノ・自然など）との関係を自らのからだをとおして体験し、そして調整していく力が乏しいといわれます。「友だちとの喧嘩で、力加減がわからず重傷を負わせてしまう」などの事件は、その一例といえるでしょう。その背景には「遊ばない」、「遊べない」子どもたちの姿があります。子どもは遊びをとおして様々なことを学びますが、現代社会においてその内実は、変わりつつあります。その一端が、空間・時間・仲間といった「三間」の減少による遊びの質的・量的な変化です。本章では、この「三間」の問題を捉え直すことをきっかけに、「いま・ここ」を生きる子どもたちを取り巻く諸問題について考えていきます。

I 子どもの「三間」の問題

　日本では、1960年代以降「三間」の減少が危惧され、子どもの遊びが「屋内で」、「少人数で」、「受容的な内容」になってきていることが報告されています（河崎，1996）。つまり、遊びのあり方が「集団」から「個人」へ、「屋外」から「屋内」へ、さらにはテレビゲームなどの普及によって現実から仮想現実へと変化しているのです。同様の指摘は、2002（平成14）年の中央教育審議会答申にも見られ、「三間」の問題は今日まで続く、日本全体の問題といえます（中央教育審議会，2002）。では、具体的に「三間」はどのように変化してきたのでしょうか。

1　遊びの「空間」の種類とその変化

　まず、遊びの空間にはどのような種類があるのかを整理しておきましょう。この点について、数多くの遊具を造ってきた建築家の仙田満は、次のようにまとめています（仙田，1998）。

表1　実体的な遊び空間の分類

自然スペース	木登り・虫とり・魚とり・洞窟もぐりなどができる自然豊かな空間
オープンスペース	鬼ごっこ・縄とび・ボール遊びなどができる広い空間
道	子どもたちがまず最初に出会う遊びの出発点
アナーキースペース	工場・廃材や材木置き場など混乱に満ちた空間
アジトスペース	子どもたちだけの秘密基地
遊具スペース	児童公園など設定された空間

なかでも「道」は昔から親しまれた遊び場であり、一人で遠くまで行けない幼い子どもたちにとって自宅前の路地は重要な空間であることを強調しています。その上で、「自然スペース」、「オープンスペース」、「道」の空間が減少していった背景の一つとして、1960年代の高度経済成長に伴う都市開発を挙げています。

また仙田は集団遊びの発生しやすい空間の構造についても、七つの原則を示しています（仙田，2001）。その内容は「①鬼ごっこに発展しやすいような回遊性のある循環機能があること」、「②それらの通り道が安全かつ変化に富んでいること」、「③シンボル性の高い空間があること」、「④めまい（一時的なパニック状態）を体験でき、困難に挑むことに繋がるような部分があること」、「⑤近道ができること」、「⑥小さな広場が付いていること」、「⑦全体が**ポーラス**な空間で構成されていること」です。これらの要素は、保育者として遊びをデザインする際の手がかりになり得ます。それと同時に様々なスペースを自ら「遊び場」に変えていく力を、現代の子どもたちが失ってきていることも示唆しています。

一方で「遊具スペース」については、これまで公園という形で整備されてきました。しかし、少子高齢化が進み、児童公園は都市公園などとその名を変えつつあります。さらに、2000（平成12）年ころからは子どもが箱型ブランコにはさまれたり、回転ジャングルジムで指を切断したり

する事故が相次ぎ、一部の遊具は危険とみなされ撤去されています。近頃では、その代わりにストレッチやぶら下がりなどができる高齢者向けの健康遊具が設置される傾向にあります。その他にも、「ボール遊び禁止」や「大声禁止」などの注意書きも見られるようになり、子どもたちが思いきり遊ぶことのできる空間は減少傾向にあるといえます。

NOTE

●ポーラス
多孔的：穴が多い

2 遊びの「時間」と習い事

子どもの遊びの時間の変化をめぐる議論では、園外での習い事に通うことによって友達と一緒に遊ぶ時間が減っていることがしばしば指摘されます。表2にあるように、全体としては増加傾向にあり、特に4歳0ヶ月～6歳11ヶ月の子どもたちにおい

て増加傾向が顕著です。また、年齢や就園状況を問わず「スイミング」や「体操」、「英会話」などの習い事が多いことも特徴です（表3）。こうした状況は約20年間変わっていません。単純に習い事が戸外遊びの時間を奪っているとはいえず、スポーツ系の習い事が戸外遊びの代役を果たしているという指摘もあります（窪・井狩・野田，2007）。

表2 習い事をしているか（子どもの年齢別 経年比較）

(%)

	00年	05年	10年	15年
全体	49.4	57.5	47.4	48.6
1歳後半児	23.3	25.1	17.1	17.0
2歳児	26.8	37.3	24.6	25.7
3歳児	42.0	50.9	37.7	29.8
4歳児	47.2	54.9	45.8	47.9
5歳児	68.6	75.1	67.6	71.4
6歳児	75.7	85.5	76.7	82.7

注1）習い事を「している」の%。　注2）1歳後半児は、1歳6か月～1歳11か月の幼児。

表3 習い事をしているか（子どもの年齢区分別・就園状況別 2015年）

(%)

未就園児 (948)			保育園児 (482)		
低年齢	1. バレエ・リトミック	8.6	低年齢	1. 通信教育	6.7
	2. 通信教育	7.5		2. 英会話	4.5
	3. スイミング	6.3		3. スイミング	4.0
	4. 体操	5.0		4. バレエ・リトミック	2.5
	5. 英会話	4.2		4. 一括購入する教材	2.5
	習い事をしていない	70.1		習い事をしていない	79.4
幼稚園児 (1,317)			保育園児 (533)		
高年齢	1. スイミング	29.3	高年齢	1. スイミング	22.2
	2. 体操	23.2		2. 通信教育	14.1
	3. 英会話	18.7		3. 英会話	12.5
	4. 通信教育	16.6		4. 楽器	10.8
	5. 楽器	13.8		5. 体操	8.1
	習い事をしていない	26.6		習い事をしていない	43.1

注1）複数回答。
注2）「その他」を含む16項目の中から上位5項目を掲載。
注3）現在、習い事をしていないと回答した人を含めた全員の回答を母数としている。
注4）調査時点における子どもの年齢区分は以下のとおりである。
　　低年齢：1歳6か月～3歳11か月の幼児。高年齢：4歳0か月～6歳11か月の幼児。
注5）（ ）内はサンプル数。

3 遊びの「仲間」は誰か

　近頃では、たとえ親子連れであっても子どもが「一人遊び」をしている姿を目にするようになりました。このような現象の背景について、教育社会学者の住田正樹は次のように述べています。「すなわち、核家族化やマイホーム主義をはじめとする個人主義的な生活観によって、親離れ子離れができない過保護なまでの親子関係が長い間続くようになりました。このような『閉じた生活』のくり返しは、近隣関係の希薄化や、遊び仲間の同質化・同年齢化・同性化・少人数化などを招きます。さらに、遊びの中心的な位置を占めるテレビゲームなどには応答性があり、子どもたちは擬似的な人間関係を形成して満足感を得ることができるようになったのです。」（住田，1995）

　このような時代の流れもあり、「いま」の遊び仲間は両親や兄弟姉妹が主になっています。保護者自身もまた、我が子と遊ぶことを肯定的に捉えているため、友だちと遊ぶのは園内生活へと限定される傾向にあります。下の図は、そのような状況を示唆しているといえるでしょう（図1）。特に一緒に遊ぶ相手として「友だち」の割合が年々減少している点は、「三間」の問題を考える上では見過ごせない変化です。

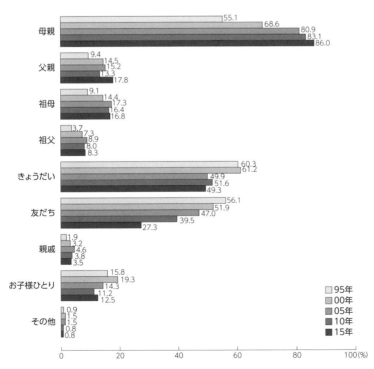

注）複数回答。

図1　平日、幼稚園・保育園以外で一緒に遊ぶ相手（経年比較）
（ベネッセ教育総合研究所　（2016）「第5回幼児の生活アンケート」を一部改変）

II 「三間」の減少と子どもをめぐる様々な変化

これまでふれてきた「三間」の変化は、子どもたちの生活や子どもたちそのものにも影響を与えています。以下ではそうした子どもを取り巻く様々な変化を取り上げます。

1 子どもとメディアの関わり

乳幼児のうち約半数は一日に2時間以上テレビを観ており、ビデオ・DVDなどの場合で約20%です。その他については視聴時間も短く、10分前後に留まっています（図2）。ここで注目すべきは、子どもに関する実態調査において「スマートフォン」や「タブレット」などの項目が記
載されるようになってきたことです。すなわち、乳幼児にとってもネット環境は既に身近なものであり、その善し悪しも享受しながら成長していくことになります。さらに、メディア機器を一人で扱える比率は、3歳児ではビデオ・DVDなどが約30%、スマートフォンが約40%。6歳児ではスマートフォンが約50%で、ビデオ・DVDについては約70%になります（図3）。これからの保育は、こうした実態を踏まえることが、より一層求められるのではないでしょうか。

そのうちの一例を紹介します。メディアとの関わりがより身近になることで、近視増加をはじめ、視力に関して様々な問題が報告されています。たとえば空中を飛んでくる球をキャッチするには、球との距離を正確に見積もる力が欠か

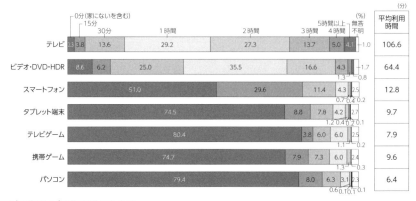

図2　日にどのくらい使っているか（2015年）
（ベネッセ教育総合研究所　（2016）「第5回幼児の生活アンケート」を一部改変）

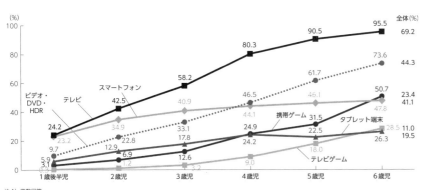

図3 自分一人で操作できる割合（年齢別　2015年）
（ベネッセ教育総合研究所（2016）「第5回幼児の生活アンケート」を一部改変）

せません。これを「立体視」といいます。しかし、近頃では遊びの中心をテレビゲームやマンガが占めることで、同じ距離でモノを見つめる場面が多くなり、「立体視」が十分に発達していないといわれます。ボール遊びや雲底、飛び石渡りなどが苦手な子どもをみかけたら、いわゆる運動能力だけでなく、モノを視る力＝視力の側面からのアプローチも考えてみましょう。

2　子どもの生活リズムと体温

　子どもの生活リズムは、ここ20年間で早寝早起きの傾向がより強くなってきています（図4）。乳幼児の生活リズムは保護者の生活様式に依存するところも大きいため、「お家の人と一緒に寝たの？」、「朝ご飯、一緒に食べた？」など尋ねることをとおして、子どもたちの家庭での様子を把握することも大切です。
　たとえば、生活リズムは体温とも関連があります。体温は起床後に少しずつ高くなり午後でピークをむかえます。その後は徐々に下がっていき、夜中に最も低くなります（Aschoff, J, 1983）。夜更かしなどで生活リズムが崩れると、日中に体温が十分上がらず元気がない、ということにもなりかねません。乳幼児は汗腺をはたらかせることで体温調節機能が発達していくため、日中しっかりと汗をかいて遊べるように促しましょう。（p.93 図2 1日の体温リズム参照）

> **NOTE**

●あおり動作
踵から着地した後、小指の付け根あたりまで外側に沿って重心移動する。そして、小指の付け根辺りから親指側に重心が振れて、そのまま親指と人指し指で蹴り出す動作。

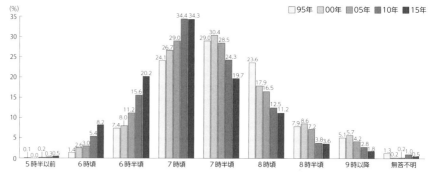

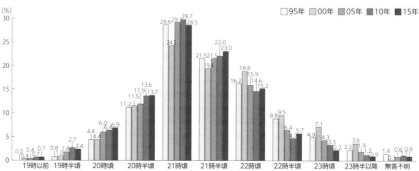

図4　平日の起床および就寝時刻（経年比較）
（ベネッセ教育総合研究所（2016）「第5回幼児の生活アンケート」を一部改変）

3　子どもの土踏まず

　4歳ころから7歳ころまでに「土踏まず」が形成されます。土踏まずの役割としては「立位姿勢のバランスをとる」、「歩行時・走行時に滑らかな動きをする」、「**あおり動作**をスムーズに行う」、「足にかかる衝撃を緩和させる」といったことがあります。その土踏まずが形成される時期に十分にからだを動かす遊びをしたり、5本の指で地面を捉えて歩く経験を積んだりしていないと、土踏まずのアーチの形成が未発達となる可能性があります。

　また近年は、踵に重心が乗ってしまい足の指が浮き上がった状態（浮き趾：うきゆび）の子どもが見られます。浮き趾の子どもは後ろに倒れるのを防ごうと肩を出す猫背状態になってしまうのです。子どもに対しては、裸足になって「足指じゃんけん」などで遊ぶことや、草履や雪駄といった鼻緒がある履物はアーチの形成を促すといわれているので、それらを園の生活に取り入れるといったことも大切です。

（竹内　秀一）

「未形成」（土踏まずなし）　　　「形成」（土踏まずあり）　　　足先が写らない浮き趾

第10章「現代社会と子ども」のまとめ

1. 自分が子どもの頃によく遊んだ空間は、Ⅰ−1（表1）に挙げられているもののうち、どれに分類されるのか考えてみましょう。

2. 遊び空間が減少していった背景を考えてみましょう。

3. 固定化された遊び仲間と遊ぶことのメリットとデメリットを考えてみましょう。

第11章
子どもとメディア

NOTE

現代はテレビやパソコンに加えてスマートフォン（以下、「スマホ」とします。）やタブレット端末が多くの家庭に普及し、子どもを取り巻くメディアの状況は大きく変わっています。スマホやタブレット端末を利用することで、「いつでも」・「どこでも」ゲームで遊んだり動画を観ることができます。そうしたスマホやタブレット端末で利用できる子ども向けの動画コンテンツや「子育てアプリ」が数多くあります。また、保護者の中にはテレビやゲームに多く接しながら子ども時代を過ごしてきたので、子どもがスマホやタブレット端末で動画やゲームに熱中することに抵抗が無い人も少なくありません。保育者として子どもを取り巻くメディアの状況を理解するとともに、子どものこころとからだに対してどのような影響があるのか、さらに保育者や保護者はそうしたメディアとどのように向き合うべきなのかについて学びます。

Ⅰ　子どもを取り巻くメディアの変遷

戦後のメディアの変遷を見ると、1953（昭和28）年にテレビ放送が始まり、1960（昭和35）年にカラーテレビの本放送が始まりました。しかしカラー放送が開始された当初はまだ白黒テレビが主流でした。また今のように家庭に一台テレビがあるというほどは普及していませんでした。1955（昭和30）年頃になると、テレビは電気冷蔵庫・電気洗濯機と共に「三種の神器」と呼ばれるようになり、家庭にも普及するようになってきました。1960（昭和35）年にはテレビの受信契約数は500万件を突破し広く普及するようになりました。そして1964（昭和39）年の東京オリンピック開催を契機に白黒テレビからカラーテレビへと移っていき、「カー（自動車）、クーラー、カラーテレビ」という「3C（新・三種の神器）時代」が訪れます。これらは高度経済成長時代の影響もあり一気に普及していきました。そして1971（昭和46）年10月にはNHK総合テレビの全番組がカラー化されました。テレビの視聴時間も1日3時間以上になり、テレビは私たちの生活になくてはならないものになっていったのです。

家庭にテレビが普及すると、そのテレビに接続して遊ぶ家庭用テレビゲーム機が登場します。1970年代初頭から家庭用テレビゲーム機が発売され、その後、様々なメーカーが開発・販売を行いました。そうした中でも1983（昭和58）年に発売された「ファミリーコンピューター（通称：ファミコン）」が爆発的に普及していきました。その後、1980年代から1990年代に発売

されたソフトが大ヒットし、子どもたちの遊びにおいてテレビゲームが一般的になっていきました。

　そして家庭用テレビゲーム機と並行して、1989（平成元）年には初めての携帯ゲーム機「ゲームボーイ」が発売されました。ゲームボーイは2000（平成12）年には全世界で出荷数が1億台に達し、日本国内でも3000万台以上出荷される大ヒットとなりました。

　一方、2007（平成19）年にiPhoneが発表され、日本でも2008（平成20）年に発売が開始されました。iPhoneのヒットをきっかけにスマホはメールやインターネットのみならず、動画を観たり、ゲームをするツールとしても使われるようになっていきました。またインターネット環境の整備により、携帯ゲーム機も2000年代に入るとインターネットと接続することができるようになり、スマホやタブレット端末、携帯ゲーム機の普及で「いつでも」「どこでも」ゲームで遊んだり動画を観ることができるようになりました。

Ⅱ　子どもを取り巻くメディアの問題

1　子どもを取り巻くメディアの何が問題か

　第一にメディアに接触する時間の長時間化があります。これまでも長時間、家庭用テレビゲーム機で遊んだりテレビを視聴することが視力をはじめとする子どもの発育・発達に良くない影響を与えると言われてきました。それに加えて、携帯ゲーム機やスマホ、タブレット端末の普及で、テレビや家庭用テレビゲーム機よりも手軽に、「いつでも」、「どこでも」遊んだり観ることができるようになり、その結果、メディアへの接触が長時間化しやすくなります。

　また先に見たように、1980年代以降に子ども期を過ごした親にとっては家庭用テレビゲーム機や携帯ゲーム機は身近な存在です。そうした「ゲーム世代」の親にとっては自分の子どもが家庭用テレビゲーム機や携帯ゲーム機で遊ぶのは自然なことでしょう。

　さらに親自身がスマホやタブレット端末を使うことも日常的になっています。総務省が2017(平成29)年に実施した「情報通信メディアの利用時間と情報行動に関する調査」によると、調査対象の20代から50代の全年代でのスマートフォンの利用率は80.4%に達しています。年代別に見ると、20代では96.8%と全世代の中で最も高い割合です。30代も95.8%と20代に次いで高い割合となっています。またタブレット端末の利用率は、全年代で34.3%に増加し、30代が最も多く40.1%、20代は38.9%と3番目に高い割合になっています。さらに12歳以下の子どもがいる親を対象にした「子どものネット動画視聴及びアプリ利用の有無について」という質問では、20代から50代までの親で「子どもがネット動画を視聴している」と回答した割

> NOTE

●依存症
ある物事に依存し、それがないと身体的・精神的な平常を保てなくなる状態。アルコール依存症のような物質に対するものと、インターネット依存症のように行為に対するもの、共依存のように人間関係に対するものがあります。

合は63.8%でした。そして12歳以下の子どもがネット動画を視聴する機器は、最も多いのがスマートフォンの38.2%、次いでタブレット端末の34%となっており、この2つで全体の7割強を占めています。

こうした調査からもゲーム世代、スマホ世代の20代、30代の親の多くはスマホやタブレット端末を使って子どもに動画を観せることやゲームで遊ばせることへの抵抗はあまり感じてないことがわかります。

第二に、小さいうちからスマホやタブレット端末に触れているという早期接触の問題があります。ベネッセ教育総合研究所が2017（平成29）年に行なった「乳幼児の親子のメディア活用調査」によると、0歳後半〜6歳児のうち、スマートフォンに「ほとんど毎日接している」という割合は2014（平成26）年では11.6%だったのが2017（平成29）年では21.2%へと増加しています。

そうした実態に合わせるように、乳児用のスマホやタブレット端末のケースも販売されています。

また早期からスマホやタブレット端末に接していると、スマホやタブレット端末で動画を観たりゲームをしている時は機嫌が良くても、取り上げると泣き出したり、夢中になって手放さないといった「**依存症**」になってしまう危険性もあります。

2 子どもを取り巻くメディアへの警鐘

普段、育児や家事で忙しい親にとっては、テレビを観たりスマホやタブレット端末のゲームで遊んだり動画を観ることで、子どもがおとなしく座っていてくれるのはありがたいことかもしれません。しかし、一方で長時間のメディア視聴が子どもの発達、特に言語の発達に影響を及ぼすのではということが指摘されてきました。そうしたメディアの子どもの発育・発達への影響に関して、医者からも心配の声が上がっています。例えば、日本小児科医会はテレビやビデオ等の視聴に関して次のような提言をしています。（図1）またスマホを使った育児に対する啓蒙活動も行なっています。（図2）

> 五つの提言
> ① 2歳までのテレビ・ビデオ視聴は控えましょう。
> ② 授乳中、食事中のテレビ・ビデオの視聴はやめましょう。
> ③ すべてのメディアへ接触する総時間を制限することが重要です。1日2時間までを目安と考えます。
> ④ 子ども部屋にはテレビ、ビデオ、パーソナルコンピューターを置かないようにしましょう。
> ⑤ 保護者と子どもでメディアを上手に利用するルールをつくりましょう。

図1　日本小児科医会「見直しましょうメディア漬け～メディア漬けの予防は乳幼児から」ポスター

図2　日本小児科医会「スマホに子守をさせないで」ポスター

NOTE ▶

　親は、子どもがテレビを長時間観たりゲームをすることについては、視力低下を気にすることはあっても、親子のコミュニケーションの機会が減ってしまうということにはあまり気にしていないように思います。乳幼児の言語の発達はテレビや動画を観て一方的に耳で聴いて単語を増やすだけでは十分とは言えないでしょう。むしろ親や先生や近所の人といったまわりの大人、あるいは園の友達といったように、様々な人とのコミュニケーションを通じて言葉を豊かにしていきます。テレビやゲームといったメディアと長時間接していることで、親子のスキンシップや会話、友達と一緒に遊び、心を通わせるといった、子どもの心身の発達に大切な時間と体験を奪ってしまうことになります。

　園でもタブレット端末を使った遊びや学習が行われていますが、そうした子どもの発達の視点から考えても、乳幼児期の1日の生活の中でのテレビや動画の視聴やゲームのあり方について考える必要があります。

Ⅲ　「スマホ育児」の問題性

　子どもの情緒や社会性の発達、更には脳の発達にとって、子どもが親や保育者と直接触れあう関わりは非常に大切です。しかし、スマホやタブレット端末の普及により子どもとの直接の触れ合いよりも、「スマホ育児」とも言えるような、スマホやタブレット端末に子どもを任せる親が少なくないです。

　ベネッセ教育総合研究所が2017(平成29)年に行った「乳幼児の親子のメディア活用調査」では、子どもにスマートフォンを使わせる理由としては「親が家事などで手が離せないとき」が7.7%(2014年)から15.2%(2017年)へ、「子どもがさわぐとき」が17.0%(2014年)から23.5%（2017年)へとそれぞれ割合が増加しています。

　こうした親の育児スタイルを受けて、企業は様々な「子育てアプリ」を提供しています。例えば、泣き止まない赤ちゃんに「これを聴かせたら泣き止んだ」という曲を集めてプレイリストを作ったり、親の声を録音して聴かせることができる「泣き止みアプリ」、子どもが自分でスマホを操作して観ることができるデジタル絵本、親に代わって「いないいないばあ」をするアプリ、言うことをきかない子どもを親に代わって鬼や鬼婆が叱ってくれるアプリ…といった具合です。子どもをあやしたり、叱ったりすることは、その瞬間に子どもが泣きやめば良い、いうことを聞けば良い、という一過性のものではありません。あやし方、叱り方がその後の子どもと親や保育者との愛着形成や信頼関係の構築にも多大なる影響を与えます。また親自身も子どもを実際にあやしたり叱ったりすることで、あやし方・叱り方を学んでいきます。もし叱ることをアプリに任せていたら、気が付いたら「子どもを叱れない親」になってしまっていた、ということになりかねません。こうした「子育てアプリ」に安易に頼ることは注意が必要です。

また育児に関する情報や知識を自分の親や近所の人に聞くのではなく、スマホやタブレット端末で検索をして、「子育てサイト」や「知恵袋」のサイトから情報を得る親が少なくありません。その結果、十分に情報を精査しなかったために事故も起きています。例えば、1歳未満の子どもは消化吸収の機能が未熟なため乳児ボツリヌス症の危険性があるので、ハチミツを与えてはいけないということは母子手帳にも書いてありますが、インターネットのレシピを参考に親が作り与えたハチミツが含まれた離乳食が原因で死亡したという事故が起こりました。また「○○○をすれば熱が下がる」「○○○で病気が良くなる」といった科学的な証明が必ずしもされていない情報を親が鵜呑みにしてしまうこともあります。

　インターネットは検索すれば短時間でたくさんの情報が得られるというメリットがあります。その一方で、得られる情報について、それは信頼できる情報源からの発信されたものなのか、注意書きはされていないか、科学的に証明されたものなのか、きちんと判断する力が大切です。

Ⅳ　スマホやタブレット端末による子どものからだへの影響

　子どもがスマホやタブレット端末を使うことはからだにも影響を与えます。まず睡眠への影響が挙げられます。スマホやタブレット端末の画面から発せられる**ブルーライト**は可視光線の中では紫外線に近い光で、最も目への刺激が強い光線です。このブルーライトは眠気を誘うホルモンの「メラトニン」の分泌を抑制する働きがあります。そのため寝る前にブルーライトを長時間浴びてしまうと眠くなりにくくなってしまいます。更に、ブルーライトが目に入り続けると、脳が昼間と錯覚してしまい、自律神経のうち、覚醒の働きを司っている「交感神経」が優位に働き、身体を休息させる働きを司っている「副交感神経」が優位な状態になりにくくなります。そのためリラックスすることができずに、寝つきが悪くなります。

　また1日は24時間ですが、人間のからだの体内時計（生理時計）は約25時間と言われています。そして朝起きてから午前中までに光を浴びると、体内時計は1時間前進して、1日の長さである24時間に調整されます。一方、夕方から夜にかけて光を浴びると、体内時計は1時間遅くなります。つまり、スマホやタブレット端末を使って夜に光を長時間浴びる生活を続けていると、体内時計が1日の長さに合わせて調整されず、「時差ボケ」状態になってしまいます。その結果、本来なら午前中に元気に遊ぶはずの子どもが、元気がない、眠そうにしている、ということになりかねません。

　さらにブルーライトは子どもの目そのものにも影響を与えます。成長過程にある子どもは、目の水晶体が透明でにごりがないため、大人の目以上にブルー

●ブルーライト
パソコンやスマートホンなどの液晶画面から発せられる青い光です。波長が短く、可視光線の中でもエネルギーが最も大きい光であり、目の疲れや精神的疲労の原因となります。夜間や就寝前に長時間見続けることにより、生物時計のリズムが乱され、睡眠障害などを引き起こすと考えられています。

NOTE ▶

ライトの影響を受けやすいと考えられています。ブルーライトに近い紫外線はそのほとんどが目の表面にある角膜や水晶体で吸収されるので、その奥の網膜にまでは届きません。しかしブルーライトは角膜や水晶体で吸収されずに目の奥にある網膜にまで届きます。網膜にブルーライトが当たると網膜に活性酸素が発生します。活性酸素は私たちのからだの老化を加速させると言われています。網膜の中心部の黄色っぽく見える部分は「黄斑部（おうはんぶ）」と呼ばれていますが、その黄斑部が活性酸素によってダメージを受けると「加齢黄斑変性（かれいおうはんへんせい）」と呼ばれる症状を引き起こし、失明に繋がる可能性があります。

　スマホやタブレット端末を使うことで、こうした子どものからだに対するリスクがあることも親や保育者は十分に把握する必要があります。

Ⅴ　子どもと触れ合うことの大切さ

　子どもたちは園での遊びの時間に先生に「だっこして」、「おんぶして」とおねだりしたり、家でも子どもたちはスキンシップを求めてきます。子どもたちはこうしたスキンシップを通じて、愛情を確認したり自分が見守られているという安心を感じます。スキンシップを伴った遊びの例としては、例えばマットの上で子どもたちと先生で取っ組み合いのように遊んだり、相撲をしたり、ただゴロゴロとマットの上で転がったり、先生と子どもでコチョコチョとくすぐりあいをしたり、ぎゅーっと抱きしめたり、といったことがあります。

　こうした子どもとのスキンシップを伴った遊びは子どもと大人のコミュニケーションとしての意味に加えて、子どもたちが思い切りからだを動かすことによって脳の活動水準を高めて頭をスッキリさせて、その後の1日の活動を落ち着いて行うことができるというメリットもあると言われています。大脳の中でも感情や意欲を司る前頭葉はその働きによって、①興奮と抑制の両方とも弱い「不活発型」、②興奮が強い「興奮型」、③興奮と抑制の両方が強く、切り替えの良い「活発型」、④抑制だけが強い「抑制型」の4つに分類されます。子どもの脳は、①から成長にしたがって②、そして③へ成長していくのが一般的だったのが、1990年代になるとこの移行がうまくいかない子どもが増えてきました。更に以前はほとんど見られなかった④の子どもも見られるようになったと言われています。

　こうした脳への働きかけはスマホやタブレット端末での遊びでは得ることができません。子どもと大人が直に触れ合って遊んでこそ、子どもたちが心とからだをイキイキと働かせ、ワクワクやドキドキを感じることで、心とからだを成長させていくのです。

　Ⅱで現代は保護者自身もスマホやタブレットを使うことが日常的になっていることを述べましたが、例えば電車内やファミリーレストランなどで、子ども

が側にいるにもかかわらず、スマホで SNS やゲームに夢中になってしまっている親を見かけることは少なくありません。

スマホと子育てに関して、タイの通信事業者（スマホ会社）の dtac が 2014 年に公開した CM（タイトルは "the power of love" ）は日本でも話題になりました。

CM はベビーベッドで大きな声で泣く赤ちゃんが映し出されているところから始まります。慌てて部屋に入ってきたのは若いお父さんです。赤ちゃんが泣き止まないことに困ってしまって、スーパーで買い物をしている妻に電話をしてどうしたら泣き止むか助けを求めます。お母さんが「アニメを見せて！」と伝えると、お父さんはペンギンのアニメをスマホで見せますが泣き止みません。そこでお母さんはテレビ電話で赤ちゃんに「いないいないばあ」をしますが、それでも泣き続ける赤ちゃん。それを見ていたお父さんはスマホを置き、恐る恐る赤ちゃんを抱き抱えます。すると赤ちゃんはほどなく泣き止みます。ベビーベッドに置かれたスマを通じてお母さんもその様子を見ていて、思わず涙します。そして CM の最後に "Technology will never replace love"（テクノロジー（技術）は愛に代わることはできない）という字幕が入ります。

確かに親が家事や仕事をしながら毎日子どもと向き合い、一緒に遊んだり泣いているのをあやしたりすることは大変なエネルギーを必要とします。時にはスマホやタブレットに頼りたくなる気持ちはわかります。しかし子どもと直に触れ合うことの大切さは忘れずにいたいものです。

（安倍　大輔）

第11章「子どもとメディア」のまとめ

1. 今の子どもたちと自分たちの子ども時代を比べて子どもを取り巻くメディアについて、共通すること、違うことを挙げてみましょう。

2. 「子育てアプリ」にはどういったものがあるのか調べてみましょう。

3. 親はインターネットのどういったウェブサイトで育児に関する情報を得ているのか調べてみましょう。

第12章 食育と健康

　食育とは、自らの食について考える習慣や食に関する様々な知識、食を選択する判断力を楽しく身に付けるための学習を指します。食をとおして元気なからだを育てる、豊かな心を育てる、食べ物を選んだり料理したりする能力を育てるなど、何らかの目的を持って行う食活動は、すべて食育です。乳幼児期はその後の食生活の土台を築く重要な時期であるため、のぞましい正しい食習慣を身に付けさせることが大切です。

　本章では、毎日成長し続けている子どもの発育・発達の源である食について、次世代を担う保育の専門家を目指す皆さんの理解を深めるために、子どもの食行動、食に関する様々な問題、食育の基本と内容を取り上げています。また、地域機関や職員間の連携、保護者との連携を通した食育の実践の必要性について学びます。

I 乳幼児期の食生活の特徴

1 乳児期の食生活

> **NOTE**
>
> ●先天性免疫
> 病原体に対して先天的にもっている抵抗力で、胎盤で母親から受け取る免疫などを言います。

　心とからだの発達において最も大切な時期である乳幼児期は、骨格、筋肉、臓器など身体のあらゆる組織をつくるために栄養を十分に与えられることと日々の活動に必要なエネルギーを十分にとる必要があります。この時期に適切な栄養を摂取できなければ、十分な発育が望めません。また健康な心身の成長も期待できません。さらに、多量の栄養素を必要とするにもかかわらず、消化機能が未発達なので、成人よりも食事の回数を多くしなければなりません。**先天性免疫**は生後6か月ぐらいで減少するため、離乳期から幼児期にいたるまでは感染に対する抵抗力が非常に弱いのです。

　乳児期前期は授乳が中心ですが、消化力や摂取力が発達してきたら、食事からも栄養摂取を始めます。離乳食が始まる乳児期後期ころには自分から食べ物に手を伸ばすようになり、初めて出会う食べ物それぞれの形状・味・食感・咀しゃく音などを経験していきます。

　乳幼児期の食育は、食べ物に慣れること、食べる力を引き出すことが目的です。子どもの発育や食への意欲は一人ひとり違うので、保育者は、子どもの様子をしっかり観察して、月齢にとらわれず、消化機能や咀しゃく力、歯の生え方など、子どもの発達段階に合わせた食べやすい食事を心がける必要があります。

2　幼児期の食生活

　乳幼児期には脳が著しく発達し、8歳までに大人の95%まで成長します。この時期までの食習慣がその子どもの未来に大きく影響します。幼児期は子どもたちの人生にとって、食習慣を決める第一歩となる大切な時期です。保育者はこの大切な時期に子どもの食と向き合うことになります。幼児期の食育が目指すのは、いろいろな食べ物をおいしいと思って食べられることです。いわゆる、「食べることが好きな子」を育てるには、からだの中のしくみを育てること、心と人間性を育てること、食の知識を増やし、食べるために必要な技術や食べ物を選ぶ能力を育てることが必要であり、これらが食育の目的となります。

　乳児期は、体重が増加する時期であるのに対し、幼児期は身長が伸びることのほうが体重増加より目立ちます。非常に運動が活発で、その運動量を支えるための食事の摂り方にも配慮が必要です。また、幼児期は身体発育だけではなく、知能や社会性などの精神的な発達も旺盛な時期で、感情表現も豊かになり、自己主張もはっきりしていきます。

Ⅱ　子どもの食行動・食生活の問題

　幼児期の食行動、食生活上の問題点としては、偏食、食欲不振、咀嚼機能未発達、食物アレルギー、むし歯、六つの「こしょく」などがあげられます。

1　偏食

　ある食品に対して極端に好き嫌いを示す場合を一般に「偏食」と言いますが、偏食は自分の意志を表出する2～3歳から増加します。その原因は、食べ物に対する不快な経験、離乳期の不適切な食事、食物アレルギー、むし歯によるものなどがあげられます。無理強いはしない、食品の調理形態を工夫する、幼児が好むような食品を選び、食具を考慮して美しく盛り付ける、戸外で友だちと一緒に食べる機会を作る、十分に遊び、適度な空腹感をもたせるなど長期的な視野を持って、気をつけていく必要があります。

2　食欲不振

　元気に活動し、発育が順調であればあまり心配はないですが、むし歯や心理的原因があれば治療を行います。また、病気やアレルギー疾患が原因のこともあるので、保育者は日ごろより子どもの状態を観察して子どもが安心して食事ができる環境を整えることが大切です。

NOTE ▶

●アナフィラキシーショック
アレルギー反応が突然出て、短時間で急速に進むこと。異常に激しいショック状態で全身に様々な症状が出て、死に至ることもあります。

3 咀しゃく機能の未発達

　噛まない子ども、噛めない子どもが増えていますが、離乳食の食事の硬さと発育が合っていなかったり、歯ぐき食べが十分でなかったり、軟らかいものばかり食べて続けていることなどが原因として挙げられます。あごの発達の未熟さや、口の容積の小ささからその咀しゃく能力が未発達であるため、いろいろなかみごたえの食品を調理形態や加熱状態を工夫しながら与え、食品の経験範囲を広げることが必要です。

表1　咀しゃくに問題のある子どもの原因と保育士の供食上の対応

かまない、または口にためて飲み込まない	原因：・空腹でないときや食が細いのに与える量が多い場合
	対応：・食事時に空腹になるよう生活リズムや遊びを見直す ・食事時間を長くせず切り上げる
チュチュ食べ（舌と顎に食物をはさみ吸う）	原因：・眠いときに指しゃぶりをする代わりの動き
	対応：・食事時を空腹にし、遊びに楽しさを見いだし卒業させる
飲み込みが下手	原因：・飲み込むときにむせたり、飲み込まずに口にためる
	対応：・児の咀しゃく力が未熟な場合には、軟らかいものに戻し、唇を閉じて嚥下する練習から開始し、舌つぶし、歯ぐきつぶしと摂取機能の発達過程を順番に練習していく ・口いっぱいに押し込み、むせる時は、一口適切な量を教える
硬いものがかめない	原因：・軟らかいものの使用頻度が高く、硬いものを食べる経験が少ない場合や少食で食べることに時間がかかる場合に多い
	対応：・摂食機能の発達過程上、つまずいている時期の硬さから前歯でのかみとりや咀しゃくの動きの練習をさせる
よくかめず丸飲みする	原因：・硬すぎたり、細かすぎると、舌や歯ぐきでつぶせず丸飲みとなりやすい ・硬すぎるものを早くから与えると丸のみを誘発しやすい ・前歯でかみ切る経験不足による歯根膜の感知能力未発達や奥歯での咀しゃくが下手な場合も丸飲みとなる ・食欲旺盛で口一杯ほおばる、汁もので流し込む、急がせて次々に食物を口に入れる支援も丸飲みを助長しやすい ・スプーンを奥の方に入れる与え方は、舌の動きがうまく引きだせず丸飲みになりやすい
	対応：・摂食機能に見合った適切な調理形態にする ・いちごやバナナなどのようにかみとりやすい果物を大きいまま手に持たせ、前歯でのかみとりの練習をさせる ・一人で食べられる場合には1回の適量を覚えさせる ・介助食べのときは、飲み込みを確認してから次の食物を与える ・ちぎれにくいスティック状の食物（パンの耳、薄くしたウインナー、たくあん等）の一端を保育士が保持し、かむ動きを練習させ咀しゃくの動きを獲得させる。

堤ちはる・土井正子「子育て・子育ちを支援する子どもの食と栄養」萌文書林、2013より引用

4 食物アレルギー

　食物摂取後、通常2時間以内に出現するアレルギー反応の主な原因は、鶏卵、乳製品、小麦、そば粉などです。即時型食物アレルギー症状の多くは皮膚症状として現れますが、**アナフィラキシーショック**を起こす例も多いので、注意が必要です。個人の判断で食物除去などの制限を行うことは、栄養の偏りの原因となり、乳児の成長を妨げることになるので、必ず専門医の指示を受けて必要最小限の制限を行うようにします。

表2　園における食物アレルギー対応の原則（**除去食**の考え方等）

①食物アレルギーのない子どもと変わらない安全・安心な保育所での生活を送ることができる。
②アナフィラキシー症状が発生した時、全職員が迅速、かつ適切に対応できる。
③職員、保護者、主治医・緊急対応医療機関が十分に連携する。
④食物除去の申請には医師の診断に基づいた生活管理指導表が必要である（診断時＋年1回の更新）。
⑤食物除去は安全除去を基本とする。
⑥鶏卵アレルギーでの卵殻カルシウム、牛乳アレルギーでの乳糖、小麦での醤油・酢・麦茶、大豆での大豆油・醤油・味噌、ゴマでのゴマ油、魚でのかつおだし・いりこだし、肉類でのエキスなどは除去の必要がないことが多いので、摂取不可能な場合のみ申請する。
⑦除去していた食物を解除する場合は親からの書面申請で可とする。
⑧家で取ったことがない食物は基本的に保育所では与えない。
⑨共通献立メニューにするなど食物アレルギーに対するリスクを考えた取り組みをおこなう。
⑩常に食物アレルギーに関する最新で、正しい知識を職員全員が共有し、記録を残す。

「保育所におけるアレルギー対応ガイドライン」厚生労働省、2011 より引用

●除去食
食物アレルギーの治療法の1つ。アレルゲンである食物を取り除いた食事です。

5　むし歯

　むし歯は、歯垢の中に生息するストレプトコッカス・ミュータンス菌（むし歯菌）が砂糖を基質（餌）として酸を生成し、その酸で歯の表面の**エナメル質**が溶かされることで発生します。むし歯を防ぐためには、口ゆすぎや歯磨きを行い、甘い間食を少なくします。しかし、進行したむし歯は乳歯の下に成長している永久歯まで達することもあるので、乳歯のときも定期検診をし、むし歯ができたら速やかに治療をすることが大切です。園での食後の歯磨きの対応は発達年齢に応じて行います。1歳くらいになったら、子どもに歯ブラシを持たせ、口の中にブラシが入っても違和感がないように慣らします。園での歯磨きの考え方としては、子どもが嫌がらないような保育の流れの中で、子ども自身で主体的に習慣づけていけるよう、家庭生活に対してのフォローという位置づけで良いと考えられます。

●エナメル質
歯の表面を覆う部分で人体の中でもっとも硬い組織です。個人差がありますが、エナメル質の厚さは約2～3mmです。

6　六つの「こしょく」

　昨今、生活時間の多様化、単独世帯の増加等の中で浮上しているのが「こしょく」の問題です。特に孤独に一人きりで食べる「孤食」は好き嫌いが増えたり、食べる量が不足がちになります。会話もないので、社会性や食事のマナーも身に付けにくくなってしまいます。もう一つの問題になっているのが「個食」です。それぞれが好きなものを食べている状況を指します。他人のことは気にせず、いつも自分が好きなものだけを食べる食習慣が当たり前になることは、子どもの協調性を育むという点においては問題があるといえるでしょう。

表3　六つの「こしょく」

孤食	家族が不在の食卓でひとりで食べる
個食	家族がそれぞれ自分の好きなものを食べる
粉食	粉製品を好んで主食にする
固食	自分の好きな決まったものしか食べない
小食	いつも食欲がなく、食べる量も少ない
濃食	味の濃いものを好んで食べる

服部幸應「食育」のすべてが分かる！食育の本．キラジェンヌ、2017 より引用

Ⅲ 食育の基本とその内容

　食育は保育の環境を通して子どもの発育発達や健康増進に関わります。保育の給食や生活を通しての食の学びは、豊かな人間性を備えた子どもを育成する、人間教育そのものです。食育の中でも発育・発達過程に関わる主な特徴について「楽しく食べる子どもに―食からはじまる健やかガイド」（厚生労働省，2004）では、心とからだの健康、人とかかわり、食のスキル、食の文化と環境の面から示しています。

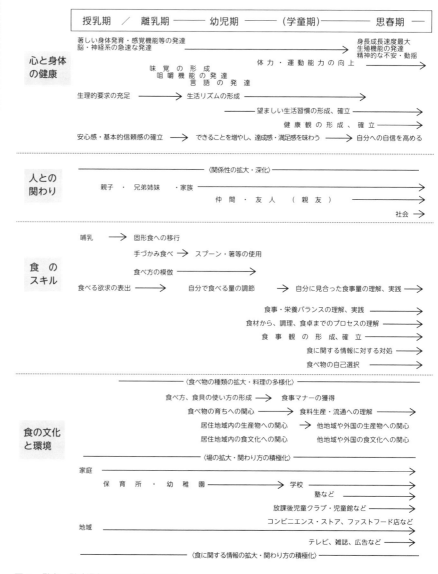

図1　発育・発達過程に関わる主な特徴
「楽しく食べる子どもに―食からはじまる健やかガイド」厚生労働省、2004 より引用

2005（平成17）年に公布された食育基本法に基づき、食育推進基本計画が定められています。生涯にわたるライフステージに応じた間断ない食育の推進、生活習慣病の予防および改善につながる食の推進を基本課題とし、**基本的な取組方針として7項目**が挙げられています。

「食を営む力」は生涯にわたって育成されるものであり、その基礎を培うことが乳幼児の目標とされています。園での生活と遊びの中で乳幼児期にふさわしい食育が展開されるには、「養護的側面」である生命維持と心身安定のための食事を重視した環境整備や、「教育的側面」である「健康」「人間関係」「環境」「言葉」「表現」の5領域の視点を一体的に明確に認識しながら行うことが必要です。

> 基本的な取組方針として7項目
> ①国民の心身の健康の増進と豊かな人間関係 ②食に関する感謝の念と理解 ③食育推進運動の展開 ④子どもの食育における保護者、教育関係者等の役割 ⑤食に関する体験活動と食育推進活動の実践 ⑥伝統的な食文化、環境と調和した生産等への配慮及び農産漁村の活性化と食料自給率の向上への貢献 ⑦食品の安全性の確保における食育の役割

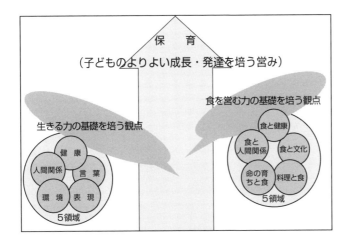

「食と健康」　　　：食を通じて、健康な心と体を育て、自ら健康で安全な生活をつくり出す力を養う
「食と人間関係」　：食を通じて他の人々と親しみ支え合うために、自立心を育て、人とかかわる力を養う
「食と文化」　　　：食を通じて、人々が築き、継承してきた様々な文化を理解し、つくり出す力を養う
「いのちの育ちと食」：食を通じて、自らも含めたすべてのいのちを大切にする力を養う
「料理と食」　　　：食を通じて、素材に目を向け、素材にかかわり、素材を調理することに関心を持つ力を養う

図2　食育の5項目と教育の5領域の総合的展開
「保育所における食育計画づくりガイド」児童育成協会児童給食事業部、2008より引用

NOTE ▶

「食を営む力」の育成に向けた食育に関連した事項をより具体的にするため、「保育所保育指針」、「幼稚園教育要領」が改定・告示、また「幼保連携型認定こども園教育・保育要領」が告示されました。新たに改定・追記された内容は、次の下線部です。

「第3章　2食育の推進」より

（1）保育所の特性を生かした食育
　ア　保育所における食育は、健康な生活の基本としての「食を営む力」の育成に向け、その基礎を培うことを目標とすること。
　イ　子どもが生活と遊びの中で、意欲を持って食に関わる体験を積み重ね、食べることを楽しみ、食事を楽しみ合う子どもに成長していくことを期待するものであること。
　ウ　乳幼児期にふさわしい食生活が展開され、適切な援助が行われるよう、食事の提供を含む食育計画を全体的な計画に基づいて作成し、その評価及び改善に努めること。栄養士が配置されている場合は、専門性を生かした対応を図ること。
（2）食育の環境の整備等
　ア　子どもが自らの感覚や体験を通して、自然の恵みとしての食材や食の循環・環境への意識、調理する人への感謝の気持ちが育つように、子どもと調理員との関わりや、調理室など食に関わる保育環境に配慮すること。
　イ　保護者や地域の多様な関係者との連携及び協働の下で、食に関する組織が進められること。また、市町村の支援の下に、地域の関係機関等との日常的な連携を図り、必要な協力が得られるよう努めること。
　ウ　体調不良、食物アレルギー、障害のある子どもなど、一人一人の子どもの心身の状態等に応じ、嘱託医、かかりつけ医等の指示や協力の下に適切に対応すること。栄養士が配置されている。

1　食育の内容

改定された「保育所保育指針」では、保育所における生活や遊びの中で一体的に育まれていくよう、保育の「ねらい」、「内容」、「内容の取扱い」を、「乳児」・「1歳以上3歳未満児」・「3歳以上児」に分け、各時期における食育に関する内容が明示されました。

	内容	内容の取扱い
乳児	（イ）内容の中で、「③個人差に応じて授乳を進めていく中で、様々な食品に少しずつ慣れ、食べることを楽しむ」	（ウ）内容の取扱い②に、健康な心と体を育てるためには望ましい食習慣の形成が重要であることを踏まえ、離乳食が完了期へと徐々に移行する中で、様々な食品に慣れるようにするとともに、和やかな雰囲気の中で食べる喜びや楽しさを味わい、進んで食べようとする気持ちが育つようにすること」
1歳以上3歳未満児	（イ）内容の中で、「④様々な食品や調理形態に慣れ、ゆったりとした雰囲気の中で食事や間食を楽しむ」	（ウ）内容の取扱い②に、「ゆったりとした雰囲気の中で食べる喜びや楽しさを味わい、進んで食べようとする気持ち」
3歳以上児		（ウ）内容の取扱い④に、「子どもの食生活の実情に配慮し、和やかな雰囲気の中で保育士等や他の子どもと食べる横日や楽しさを味わったり、様々な食べ物への興味や関心をもったりするなどし、食の大切さに気付き」

一方、幼稚園教育要領では、「第2章　ねらい及び内容」の中で、「健康」の「内容（5）」において保育指針と同様の内容が追記されています。

「第2章 ねらい及び内容」(健康3内容の取扱い)

(4) 健康な心と体を育てるためには食育を通じた望ましい食習慣の形成が大切であることを踏まえ、幼児の食生活の実情に配慮し、和やかな雰囲気の中で教師や他の幼児と食べる喜びや楽しさを味わったり、様々な食べ物への興味や関心をもったりするなどし、食の大切さに気付き、進んで食べようとする気持ちが育つようにすること。

Ⅳ 食育のための環境づくり

　人生の土台となる乳幼児期に、食育を日常で体験する子どもたちは、自分の目と耳、頭を使って、生活を考えられる人間に育っていきます。子どもが自らの感覚や体験を通して、自然の恵みとしての食材やそれを調理し、食事を整えた人への感謝の気持ちが育つような環境作りが大切です。そのためには、保育者は、食事する部屋が親しみとくつろぎの場となるように食に関わる保育環境を配慮すべきです。

1 自然環境(土・水・太陽)への配慮

　乳幼児期にたくさんの食との出会い、自然との感動的な場面は、子どもの感性を豊かにします。子どもたちが自ら種や苗を植え、友達と一緒に毎日水をやって育てる。野菜や果物が元気にすくすく育ち、実が大きくなっていく様子を通じて、自然と作物の成長の関係を知ることができます。元気に育った野菜の収穫の喜びを体験することで、食物の大切さを知ることができます。

　どんなおいしい料理になるのか見届けたい気持ちで調理の手伝いをする、園で育てた野菜を調理してみんなで食べる体験は、子どもたちの食を慈しむ心を育み、野菜嫌いの子どもを減らす効果もあると考えられます。

2 保育室の食べる環境への配慮

　食べる環境の整備を改善していくと、子どもたちは安定して食べることができるようになります。子どもの情緒の安定のためにも、ゆとりある食事の時間を確保する必要があります。食事する場所が温かな親しみとくつろぎの場であるようにひとつひとつ丁寧に環境を見ていく必要があります。部屋の採光やテーブル、椅子など、保育設備のみならず、食器の大きさや形、食器の数、食具などすべてが食育の環境です。どのような食の環境を提供するのがのぞましいかについて考えることが重要です。

NOTE

❸ 人と関わる力を育む環境への配慮

　同年齢の子どもだけではなく、異なる年齢の子ども、保育士や栄養士、調理員、保護者や地域の人々などと一緒に食事をつくったり、食べたり、片づけたりするなかでも、子どもの人と関わる力が育まれます。豊かな関わりをとおして、食文化・マナー・食と健康・食の知識・感謝の心など、食の大切さを身につけられるように環境を整えます。食卓でのコミュニケーションは、子どもの表現力を養い、食をとおした豊かな人間関係を育むので、食べ物への好奇心から出る子どもの素朴な質問に対して、やさしく丁寧に答えられるように、保育士自身が食へ興味・関心をもち、食の知識を深めることが求められます。

Ⅴ　地域の関係機関や職員間の連携

　園においては、家庭や地域社会との連携のもとに、地域の自然、人材、行事や公共施設などを活用して子どもが豊かな食を体験できるよう工夫しながら、食育を実践する必要があります。子どもたちに、より良い食育の環境を提供するために、食材を扱い調理を担当している調理員や栄養士などの専門職の協力が欠かせません。また、健康管理の場においては園児の精神的・身体的な発達状況を把握している保健師との連携は不可欠です。

　子どもたちの健康で安全な食育を推進するためには、他の園などの保育関係施設、幼稚園、小学校などの教育機関、医療機関、保健所、保健センターなどと密接な連携をとりながら、食育の目標を共有しそれぞれの地域の特色に合わせて展開することが重要です。また、日々の子どもの食事状況、献立内容など、打ち合わせや情報交換の場を専門職会議としてとらえて、食育に関する認識を職員間で共有させることが大切です。

　園における食育の目的は、食を営む力の基礎を培うこととされており、その後の成長に合わせた食育の展開のためには、小学校との連携も視野に入れる必要があります。就学にあたって学校給食の現状を把握するために、園は小学校の食育情報を受けると同様に、小学校では、園でどのような食育プログラムを受けたかの情報を把握するような交流は子どもの成長にとって大切な連携であると考えられます。

Ⅵ　食をとおした保護者との連携

　子どもの食育では、家庭をはじめとして、子どもを取り巻く環境のすべてが食育の場になります。子どもが健康的な食習慣を身につけていくために、家庭との取り組みが必要な機関として園に対する期待は高いため、まず、保護者とつねに密接な連携をはかり、食育の取り組みについて、方針や内容を伝え、理解と協力が得られるように努める必要があります。

　子どもの食事内容、調理に関すること、好き嫌いや偏食に代表される食べ方、食べさせ方、食物アレルギーなど具体的な相談内容に対しても、栄養士を中心として、保育士も運動や睡眠時間など生活リズムに関連した視点から、子どもの生活全般を見通した助言や改善指導ができるように対応します。保育所は、相談、助言の内容について高い専門性を必要とする場合、関係他機関に紹介をする活動を行うなど、子育て家庭が地域とのかかわりをもつように、食育推進の中核になって食に関する援助をしていくことが期待されます。

（金　美珍）

表4　咀しゃくに問題のある子どもの原因と保育士の供食上の対応

献立の配布	毎日の給食献立を知らせるとともに、使われている食材の紹介、旬の食材などを掲載
給食だより（通信）の配布	食に関する情報発信をする。保育園で行った食育活動の様子や、子どもたちに人気のメニューの紹介、栄養に関する知識や料理のコツなどの紹介、衛生面での指導などを掲載
給食のサンプル展示	給食（昼食、おやつ）の1食分を展示（食べている分量や盛りつけ方が分かる）
給食、おやつの試食会	実際に試食することで、味つけ、調理形態などを伝えることができる
給食懇親会	栄養士・調理員などによる給食の説明会、家庭の食生活についての悩みや相談事など、保護者向けで話し合う機会も持つ。
調理実習	調理室を利用して保護者向けの調理実習を行う。
離乳食説明会	離乳食が始まる子どもの保護者向けの説明会。離乳食の進め方について個別あるいは集団で説明をする。
行事	年中行事に参加していただき、行事食を子どもと一緒に食べる。行事の意味について知らせる。

「発育期の子どもの食生活と栄養」学建書院、2015より引用

第12章「食育と健康」のまとめ

1. スローフードは、自分の国や地域でできた食材を食べ、自分の国や地域の食文化を見直そうというものとして、イタリアで発祥された言葉です。保育の中でスローフードの考えをどのように生かすことができるかを考えてみましょう。

2. 子どもの噛む働きと食習慣を育てるのは、子どもの咀しゃくに合った食品を選ぶことが大切と言われています。噛む働きと食習慣を育てるためにはどのような食品が適していると思いますか。

3. 「早寝・早起き・朝ごはん」といわれますが、いつも登園が遅い子が多く、朝ごはんを食べてこない子もいます。もう少し早く起こして朝ごはんを食べさせてほしいのですが、保護者にどのように伝えれば良いでしょうか。

保育者として子どもを育むために

保育中の姿勢や歩行について

　良い保育をするためには、保育活動中の姿勢に注意することも大切です。抱っこや遊具の準備・片付けなどを行う際に、疲れを溜めないような姿勢で筋肉に過度な負担を与えないように気をつけましょう。

　保育中は歩いたり走ったりと移動する機会が非常に多いです。まずは、歩いたり走ったりする際に足に負担がかからないような履物を選びます。その際に足の形に合った靴をシューフィッターなどと相談して選んでも良いでしょう。また靴の踵（かかと）を踏むのはやめましょう。靴の踵には「ヒールカウンター」というものが入っています。「ヒールカウンター」は踵を包むようにフィットし、踵を支え、歩行を安定させるという役割を果たしています。そのため踵を踏んでしまうと、足が安定せず余計なところに力が入り不安定な歩き方になってしまいます。きちんと靴を履いていれば靴全体で歩いていますが、踵を踏んでサンダルのように履いてしまっていると、爪先で歩いている状態になってしまいます。そうすると、爪先に余計な力が入り、ハンマートゥ（足の指の関節が曲がったまま固まる障害）になる危険性もあります。なおヒールカウンターは、踏んで一度変形してしまうと元の形に戻すことはできません。そうなってしまうと新しい靴に買い換えるしかなくなるので、靴の履き方には注意が必要です。

　また歩いたり走ったりする時には筋肉を使いますが、その筋肉の約60％が下半身に付いています。筋肉を使うことで新陳代謝が図れます。また、筋肉は90〜110度の関節角（関節が曲がる角度）で最大限の筋力を発揮されるとされています。足首、膝、腰、肩、肘などが無理なく、そして筋力を発揮出来るような姿勢を取ることが大切となります。

足首や膝を曲げずに腰だけで荷物を持ち上げた時に「ぎっくり腰」が起こるのは、腰の周りだけの筋力に頼り負担をかけすぎて起こることが原因してあげられています。角度を気にしながら「しゃがむ」「立膝」「中腰」などを行うことで、怪我や疲れを残さないようにできます。

　東京都の公立と私立の保育士を対象に行った調査 によると腰痛を抱えている人が全体の85.5％であり、全ての年代で80％を超えています。腰痛の症状の発症時期は90.0％が「保育の仕事について以降」と答えており、保育士にとって腰痛は気をつけなければならない障害のひとつです。

（大塚　正美）

第13章 子どもの安全管理と安全教育

NOTE ▶

　子どもたちがけがをしたり事故に遭うことを未然に防ぐためには、園が安全管理を日常的に行うのと同時に子どもたち自身にも、けがや事故を回避するための危険予測を安全教育によって身につけさせることが大切です。本章ではそうした園における安全管理と安全教育について学びます。

Ⅰ　事故の発生と場所

　子どもが1日を過ごす園では大きな事故はどれくらい発生しているのでしょうか。表1は2017（平成29）年1月1日から12月31日の間で、教育・保育施設等で発生した死亡事故と30日以上の負傷や疾病を伴う事故の報告となっています。全体で1242件の報告がありましたが、そのうち全体の67％にあたる844件がこども園・幼稚園・認可保育所で発生しています。また、8件の死亡事故も発生しています。子どもの健やかな発達や学びを目的とする施設でこれほどの事故が1年間に発生しています。

表1　死亡及び負傷等の事故概要

	負傷等					死亡	計	（参考）施設事業者数（時点）
		意識不明	骨折	火傷	その他			
幼保連携型認定こども園	72	0	54	0	18	1	73	3,618か所（H29.4.1）
幼稚園型認定こども園	7	0	5	0	2	0	7	807か所（H29.4.1）
保育園型認定こども園	10	0	9	0	1	0	10	592か所（H29.4.1）
地方裁量型認定こども園	1	0	1	0	0	0	1	54か所（H29.4.1）
幼稚園	24	0	21	0	3	0	24	5,598か所（H29.4.1）
認可保育所	727	7	587	4	129	2	729	23,410か所（H29.4.1）
小規模保育事業	6	0	5	0	1	0	6	3,494か所（H29.4.1）
家庭的保育事業	0	0	0	0	0	0	0	926か所（H29.4.1）
居宅訪問型保育事業	0	0	0	0	0	0	0	12か所（H29.4.1）
事業所内保育事業（認可）	1	0	1	0	0	0	1	481か所（H29.4.1）
一時預かり事業	2	0	0	0	2	0	2	9,494か所（H28実績）
病児保育事業	0	0	0	0	0	1	1	2,572か所（H28実績）
子育て援助活動支援事業（ファミリー・サポート・センター事業）	5	0	5	0	0	0	5	833か所（市町村）（H28実績）
子育て短期支援事業（ショートステイ・トワイライトステイ）	0	0	0	0	0	0	0	ショートステイ 764か所 トワイライトステイ 386か所（H28交付決定）
放課後児童クラブ	362	0	332	0	30	0	362	24,573か所（H29.5.1）
企業主導型保育施設	2	0	2	0	0	0	2	企業主導型保育施設 694か所（H.29.12.31）
地方単独保育施設	8	0	5	0	3	0	8	認可外保育施設 6,923か所 事業所内保育施設 4,561か所（H28.3.31）
その他の認可外保育施設	7	2	4	0	1	4	11	
認可外の居宅訪問型保育事業	0	0	0	0	0	0	0	80か所（H28.3.31）
計	1234	9	1030	5	190	8	1242	

（内閣府子ども・子育て本部（2018）「『平成29年教育・保育施設等における事故報告集計』の公表及び事故防止策について」）

NOTE

　また、年齢で見た場合、3歳から事故が多くなりはじめ、4歳、5歳では年間200件を超えています（表2）。発生場所は、こども園・幼稚園・保育所問わず、室内と室外でほぼ同じ発生件数となっています（表3）。したがって、「外遊びだから気を付けよう」、「ハサミを使うから気を付けよう」ではなく、日頃から子どもの安全について保育者自身が高い意識をもち、子どもたちにも意識させるような言葉がけをすることが必要になってきます。

表2　死亡及び負傷等の年齢別概要

	0歳	1歳	2歳	3歳	4歳	5歳	6歳	放課後児童クラブ等	計
幼保連携型認定こども園	0(0)	4(0)	2(0)	10(0)	21(0)	19(0)	7(1)	—	73(1)
幼稚園型認定こども園	—	—	—	0	4	3	0	—	7
保育園型認定こども園	1	2	1	1	2	2	1	—	10
地方裁量型認定こども園	0	0	0	0	0	0	1	—	1
幼稚園	—	—	—	2	4	12	6	—	24
認可保育所	4(0)	31(1)	58(0)	96(0)	170(1)	250(0)	120(1)	—	729(2)
小規模保育事業	0	2	4	0	0	0	0	—	6
家庭的保育事業	0	0	0	0	0	0	0	—	0
居宅訪問型保育事業	0	0	0	0	0	0	0	—	0
事業所内保育事業（認可）	0	0	0	1	0	0	0	—	0
一時預かり事業	0	0	1	0	1	0	0	—	2
病児保育事業	0(0)	0(0)	0(0)	0(0)	1(1)	0(0)	0(0)	—	1(1)
子育て援助活動支援事業（ファミリー・サポート・センター事業）	0	0	1	2	1	0	0	1	5
子育て短期支援事業（ショートステイ・トワイライトステイ）	0	0	0	0	0	0	0	0	0
放課後児童クラブ	—	—	—	—	—	—	—	362	362
企業主導型保育施設	0	0	0	0	0	0	0	—	2
地方単独保育施設	0	1	1	1	2	3	0	—	8
その他の認可外保育施設	2(2)	1(1)	1(1)	0(0)	3(0)	2(0)	2(1)	—	11(4)
認可外の居宅訪問型保育事業	0	0	0	0	0	0	0	—	0
計	7(2)	41(2)	70(1)	114(0)	209(2)	291(0)	147(1)	363(0)	1242(8)

表3　場所別　死亡及び負傷等の事故概要

	施設内 室内	施設内 室外	施設外	不明	計
幼保連携型認定こども園	37(1)	26(0)	10(0)	0(0)	73(1)
幼稚園型認定こども園	3	4	0	0	7
保育園型認定こども園	6	4	0	0	10
地方裁量型認定こども園	1	0	0	0	1
幼稚園	10	13	1	0	24
認可保育所	305(1)	337(1)	87(0)	0(0)	729(2)
小規模保育事業	4	2	0	0	6
家庭的保育事業	0	0	0	0	0
居宅訪問型保育事業	0	0	0	0	0
事業所内保育事業（認可）	1	0	0	0	1
一時預かり事業	1	1	0	0	2
病児保育事業	1(1)	0(0)	0(0)	0(0)	1(1)
子育て援助活動支援事業（ファミリー・サポート・センター事業）	2	2	1	0	5
子育て短期支援事業（ショートステイ・トワイライトステイ）	0	0	0	0	0
放課後児童クラブ	117	202	43	0	362
企業主導型保育施設	0	1	1	0	2
地方単独保育施設	5	0	3	0	8
その他の認可外保育施設	7(4)	0(0)	4(0)	0(0)	11(4)
認可外の居宅訪問型保育事業	0	0	0	0	0
計	500(7)	592(1)	150(0)	0(0)	1242(8)

（内閣府子ども・子育て本部（2018）「「平成29年教育・保育施設等における事故報告集計」の公表及び事故防止策について」）

第13章　子どもの安全管理と安全教育

NOTE

●ヒヤリハット
事故にはならなかったが、「ヒヤッと」したり「ハッと」した瞬間、ミス。一歩間違えれば事故やインシデントになったであろう場面。

Ⅱ　事故防止

　一つの大きな事故が発生するまでに29の中程度・軽微の事故と300の異常（**ヒヤリハット**）が発生しているといわれています（ハインリッヒの法則）。子どもたちや保育者は大きな事故が発生するまで少なくとも300回は"ヒヤッと"した経験があるということです。

　事故が発生する原因は大きく三つあるといわれています。台風や地震、豪雨などの「自然」、遊具や機械など「人工物」、道具の不適切な使用でけがをするなど人間の行動が事故原因となる「人間」です（ヒューマンエラー）。ヒューマンエラー対策としてSHELモデルと4M（5M）という考え方があります。

図1　ハインリッヒの法則

　SHELモデルとは中心のLは「本人（Liveware）」すなわち保育者もしくは子どもです。Sは活動内容などが書かれているものや指示の出し方、道具の使い方のイラスト等の「ソフトウェア」です。Hは遊具や機械、ハサミなどの「ハードウェア」です。Eは部屋の明るさや活動に適した空間であるかなどの「環境（Environment）」です。もう一つ外側にあるLは大人や子どもを含めた「周りにいる人（Livewear）」です。図が波打っているのは日によって、それぞれの状態は変化するということを表しています。一見、変化がないように見えても変わっているということです。例えばL（中外両方）を子どもとした場合、毎日変化のない子どもはいません。気持ちの部分であったり、体調面であったりと日によって変化します。さらにいうと体格も変化しているわけです。

　4M（5M）とは①Man：子ども自身や保育者、周囲の子ども等です。②Machine：遊具や道具、設備等です。③Media：照度や作業の工程（例えば、主活動の内容もしくは方法を示すもの）等です。④Management：保育者の配置の不十分や指導不足などです。⑤Mission：活動の目的や目標です。例えば、対象となった子どもたちに果たして本当に、その保育活動が必要だったのかといったところです。発達と保育活動（内容）のミスマッチともいえるでしょう。

　SHELモデルも4M（5M）もそれぞれの要素を組み合わせて原因解明と対策を考えることが大切です。そうすることで子どもの安全を守ることにつながります。

図2　SHELモデル

Ⅲ リスクとハザード

　子どもは発達の過程で様々なものに興味を持ち、口に入れたり、触ったり、また、からだをある程度動かせるようになることで、大人が想像しないような動きや行動をとります。一言に子どもといっても、発達による差は大きいため、子どもがさらされる危険についても発達によって変化します（図3）。保育者は子どもたちが怪我をしないように遊具や道具の使い方を伝え、安全に遊べる環境を作っていくことが大切になってきます。

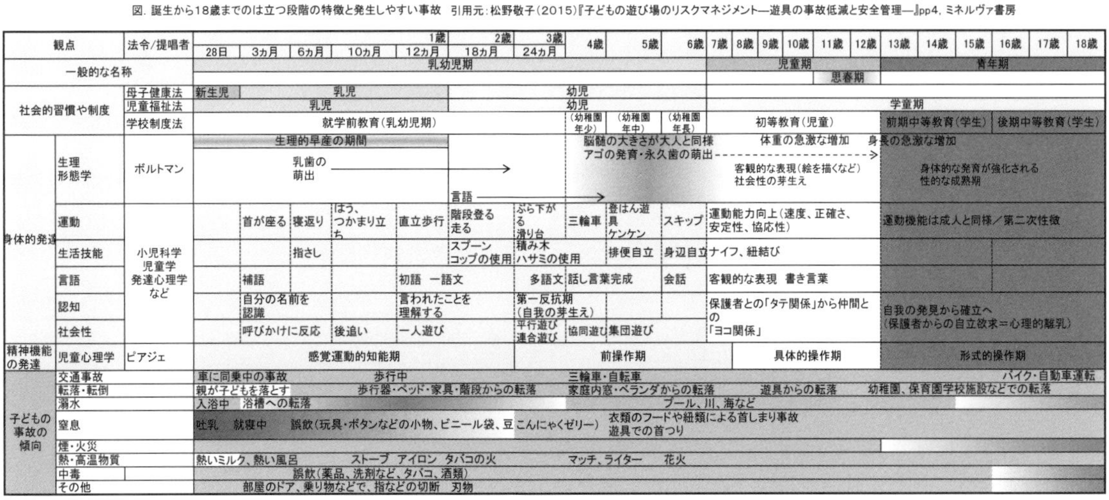

図3　誕生から18歳までの発達段階の特徴と発生しやすい事故
（松野敬子（2015）『子どもの遊び場のリスクマネジメント―遊具の事故低減と安全管理―』p.4 ミネルヴァ書房）

　子どもは小さな大人ではありません。子どもは遊びをとおして様々なことを学んでいきます。安全や危険についても同様です。保育活動を中心とした子どもの活動では「危ないからやらせない」ではなく、体験を通じて学んでいく必要があります。

　例えばドッヂボールで考えてみます。子どもたちが安全に遊ぶために、まず柔らかいボールを使うことや、コートの大きさに対してプレイする人数は適切か、子どもたちがドッヂボールをできる技能が備わっているのか、といったことを考慮することが挙げられます。子どもたちが活動の中から安全や危険について学び、感じられるように保育者がしっかりとコントロールする必要があります。

Ⅳ 交通安全を学ぶ

　警察庁によると2017（平成29）年に発生した交通事故の原因の1位は自動車乗車中です。次いで歩行中、自転車乗車中となっています。
　自動車乗車中の事故は子どもたちにとっては防ぎようのない部分があります。ただ、チャイルドシートの使用などについては年齢が高い子どもには伝

えることができます（6歳未満の子どもはチャイルドシートの着用が義務づけられています）。しかし、使用の必要性を理解していることと使用できることは違います。やはり、保護者によるものが大きくなります。園からの手紙や親子交通安全教室などの開催をとおして保護者にも交通安全を意識してもらえるような取り組みが必要になります。

　保育現場での交通安全は「信号を守りましょう」や「飛び出さない」など交通環境に対して散歩中など、園外での活動の際に行われることがあります。しかし、夜間でも交通事故は発生します。絵本やビデオ教材の使用や地域の警察署、指導員とともに交通安全教室などの体験学習を行いながら、日中の交通安全のみならず、夜間に対する交通安全を知る機会を取り入れる必要があります。地域によっては線路への侵入が容易にできてしまうこともあります。車のみならず、電車など様々な車種、交通手段も含め地域性を考量し、同時に保護者への安全意識を高める交通安全教育が求められます。

Ⅴ　自然災害から子どもを守る

　東日本大震災や熊本地震、西日本豪雨など日本各地で大規模な自然災害が発生しており、いつ、どこで、自然災害や事件が発生するのかわかりません。

　地震では地面が大きく揺れることで家屋が倒壊する危険があります。また、家屋だけでなく街灯（外灯）や電柱、街路樹が折れることや倒れることがあります。ブロック塀の倒壊、ビルの外壁やガラスが降ってくるなど、地震発生の際には多くの危険が生じます。屋内では本棚など家具が転倒することやキャスター付きの家具であれば移動することがあります。子どもたちが下敷きになったり、押しつぶされないように家具の転倒防止やキャスターを止める等の対策が必要となります。

　豪雨災害では、大雨による河川の増水や道が冠水し、幼稚園や保育所も浸水することがあります。時には、短時間で増水し幼児のからだの大きさでは水がすぐにひざ上にまで来ることも想定されます。

　自然災害などの非常時の場合、園にとどまることが危険であり、子どもたちと一緒に指定された場所に避難することがあるかもしれません。そのためにも避難訓練は大事になります。日頃から子どもたちと一緒に避難訓練を行い、どのルートで避難所に行くのかを確認することで、所要時間などに目安がつき、子どもたちもいざというときに迅速な非難ができるようになります。日頃から、地震発生時の避難ルート、豪雨・洪水の避難ルートなど災害に応じた避難ルートや坂道が多いなど地域性を考慮した地図を用意しておくことで、効率的に避難ができるようになります。

一方、園にとどまることも考えられます。ラジオや懐中電灯は電池切れを起こしていないか等、有事に使用できるかを確認しておき、実際に起こった際にスムーズに避難活動や命を守る行動ができるよう緊急時の持ち出し品や備蓄品を確認しておく必要があります。

表4　非常時対応チェックリスト

チェックリスト　非常用持ち出し品
保育事務必需品
□ 児童名簿（緊急連絡先）
□ 関係機関一覧
□ 携帯電話と充電器
□ 筆記用具
□ 救急用品
□ 懐中電灯と電池
□ ヘッドランプ
□ ラジオ／無線機
□ 拡声器／ハンドマイク
□ ホイッスル
□ 誘導旗
□ ガムテープ
□ 油性ペン
□ 防災マップ
□ 現金（小銭、千円札）
非常時携行品
□ 防災ずきん／ヘルメット
□ おんぶひも
□ さらし
□ ベビーカー／散歩カー（避難車）
□ 軍手
□ 安全ロープ
□ ブルーシート
□ 毛布などの防寒具
□ 着替え・靴下
□ 紙おむつ
□ タオル／バスタオル
□ 非常食／おやつ（アレルギー対応品）
□ 飲用水（軟水）
□ 粉ミルク（アレルギー対応品）
□ ほ乳瓶
□ ティッシュ
□ ウェットティッシュ
□ ビニール袋（大小）
□ マスク

チェックリスト　備蓄品
飲食物
□ 飲料水「おとな1人3リットル／1日」を目安に人数分×3日分
□ 主食（アルファ化米、レトルトご飯、乾パンなど）
□ 副食（缶詰、レトルト食品、インスタント食品）
□ 粉ミルク（アレルギー対応品）
□ 果物缶詰
□ 氷砂糖／黒砂糖
□ その他（あめ、ビスケット、クラッカー、ドライフルーツなど）
生活用品
□ ビニール手袋
□ 着火器具（マッチ、ライターなど）
□ カセットコンロと交換用ガス
□ ラップ、アルミはく
□ 紙コップ、紙皿
□ スプーン、おはし
□ ナイフ
□ 缶切り
□ トイレットペーパー
□ おまる
□ 簡易トイレ
□ せっけん
□ 消毒用品
□ 生理用品
□ ランタン
□ ポリタンク
救急用品
□ ガーゼ
□ 三角巾
□ 包帯
□ 薬・目薬
□ 毛抜き
□ 消毒液
救助その他
□ 工具（ジャッキ、バール、のこぎり等）
□ 石油／反射式ストーブ
□ テント
□ ロープ
□ 台車／カート
□ 自転車（パンク修理キット、空気入れ）
□ 発電機
□ バケツ

（天野珠路（2017）．写真で紹介　園の避難訓練ガイド．70-71．かもがわ出版）

VI 不審者対策

近年、刃物を持った男がこども園に侵入し、職員や児童に怪我を負わせるという事件も発生しており、不審者に対する対策も必要となります。園への侵入に対して、防犯カメラなどを取り付けることもありますが、可能な限り侵入経路となりうる場所や隠れられる場所を作らないということも大切になります。例えば、開けられる門を限定することや、植物の剪定や伐採をし見通しをよくするなどです。また、地域の関係機関との情報交換も含め、近隣住民とも関係を築いておくことで子どもたちを匿ってもらうことや助けを呼んでもらうこともできます。また、子どもたちの身を守るためにも刺又（さすまた）などを常備し、どこに保管されているか職員で共有しておく必要があります。

表5　不審者の園内侵入を阻止するためのチェックリスト

- □ 園の出入口を限定し、登園帰園時以外は施錠するなどして、不審者が容易に立ち入らないように管理する
- □ 来園者を確実に把握できるように入り口は1か所として受付で氏名の確認を行う
- □ 園内外に出来るだけ死角を作らないような構造とすることが望ましい
- □ 不審者の暴力を排除する方法および園児と隔離する方法について事前に話し合う
- □ 他機関と連携しながら地域の不審者の情報収集に努める
- □ 不審者の侵入について防犯訓練及び防災訓練を定期的に行う

(田中哲郎（2011）保育園における事故防止と安全管理．日本小児医事出版社)

VII 防災を学ぶ

子どもが災害時に正しい行動がとれるように日頃の保育活動の中で、災害や防災を学ぶ機会を設けることが必要になります。

事故の予防を意識づける方法としてKY（危険予知）トレーニングというものがあります。これは危険感受性を育むことができる方法です。活動する場所、保育であれば保育活動中のワンシーンをイラストや写真で眺め、危険性のある箇所や改善したほうが良い部分を指摘していきます。子どもたちと一緒に行うことで、子どもたちが安全を学ぶことができます。また、保育者の研修などで取り入れることで保育場面における危険性を保育者自身が気づくことや再認識することができます。

子どもが興味をもって学ぶという視点では保育活動を中にうまく取り入れることが大切です。例えば災害や防災、自分を守るといったテーマの絵本や紙芝居、災害・防災を学べるかるたなどがあります。

（中山　貴太）

第13章 「子どもの安全管理と安全教育」のまとめ

下のイラストで安全面で気づいたことを書きましょう

第14章 子どものけが・病気について

NOTE

　子どもはよくけがをします。大人では想像がつかないような危険な行為や危険な場所への侵入をしてけがをすることも少なくありません。さらに、子どもの周りには様々な危険があります。子どものけがを回避するためには、保育者は子どものけがの特徴について知ることが必要です。
　また、子どもは抵抗力やからだの様々な調節機能が未発達のため園の内外で様々な感染症にかかります。感染症の症状や予防を知ることは保育者にとって非常に大切なことです。本章ではそうした子どものけがや病気について学びます。

I 子どものけがについて

1 子どものけがの特徴（発生状況）

　子どものけががいつどこでどんな場面で発生し、どんな部位に損傷が起きるのか。保育園における事故からまずは子どものけが（事故）の発生状況を把握することで、その予防策について考えてみましょう。

〈月別発生件数〉
　４月の慣らし保育期間が終了して本格的な保育が始まり、新しい生活環境に保育者及び子どもが適応しきれていないために、５月～７月にけがが多くみられる傾向があります。

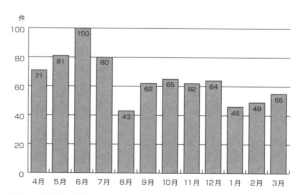

図１　月別発生件数
（田中哲郎著「保育園における事故防止と安全管理」日本小児医事出版社 p.25）

〈曜日別発生件数〉

金曜日にやや多くなっているものの、曜日による差はあまり見られません。

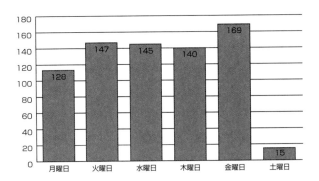

図2　曜日別発生件数
(田中哲郎著「保育園における事故防止と安全管理」日本小児医事出版社 p.26)

〈時刻別発生件数〉

事故の多い時間帯は午前10時～11時台と、午後4時～5時台となっています。これは保育園の生活と密接に関係しているとみられ、事故が多く発生している時間帯は外遊びが多く行われていることに起因すると考えられます。

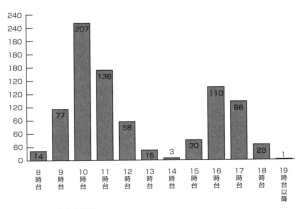

図3　時刻別発生件数
(田中哲郎著「保育園における事故防止と安全管理」日本小児医事出版社 p.26)

NOTE

〈原因行動〉

事故の原因行動は、転倒が最も多く、次いで衝突、転落の順になっています。

表1には記載がありませんが、別の資料でその内訳をみると、転倒は0〜2歳児に多く、衝突は3歳児クラス以降に多く見られる傾向となっています。

表1　原因行動

( )：％

	発生件数	構成割合
転倒	331	(42.4)
衝突	140	(17.9)
転落	64	(8.2)
あたる、ぶつける	36	(4.6)
はさむ	32	(4.1)
異物が入る	30	(3.8)
引っ張る	29	(3.7)
刺さる	14	(1.8)
ぶたれる、蹴られる	14	(1.8)
動物に咬まれる	13	(1.7)
切る	3	(0.4)
噛まれる、引っかかれる、つねられる	3	(0.4)
やけど	3	(0.4)
落とす	3	(0.4)
異物誤飲	2	(0.3)
その他	47	(6.0)
不明	32	(4.1)
事故総数	781	(100.0)

（田中哲郎著「保育園における事故防止と安全管理」日本小児医事出版社 p.30）

〈原因物質〉

事故に関与した原因物質は表2のとおり、他児、遊具の順となっており、遊具別の内訳としては滑り台、鉄棒、アスレチック、ジャングルジム、ブランコ、跳び箱、登り棒、雲梯の順となっています。

表2　原因物質

( )：％

	発生件数	構成割合
他児	123	(15.7)
遊具	103	(13.2)
すべり台35、鉄棒24、アスレチック13、ジャングルジム10、ブランコ7、跳び箱6、登り棒6、雲梯2		
玩具	43	(5.5)
いす	33	(4.2)
床	29	(3.7)
机	26	(3.3)
ドア	17	(2.2)
保育士	16	(2.0)
箱・かご	14	(1.8)
縄跳び・紐	13	(1.7)
壁・柱、三輪車、シャベル、柵	各11	(1.4)
ボール、石、砂、動物、木や枝	各10	(1.3)

（田中哲郎著「保育園における事故防止と安全管理」日本小児医事出版社 p.32）

〈傷害名〉

　事故による傷害は、表３のとおり打撲傷・擦過傷が最も多く、次いで切傷・刺傷、挫創・裂創、歯の損傷、脱臼の順となっています。

〈傷害部位〉

　事故による傷害部位は、表４のとおり顔面が最も多く、次いで上肢、頭部、下肢、体幹の順となっています。最も多い顔面の内訳は、口腔・歯が最も多く、次いで眼、鼻、耳の順となっています。

表３　傷害名

( )：%

	発生件数	構成割合
打撲傷・擦過傷	235	(30.1)
刺傷・切傷	204	(26.1)
挫創・裂創	110	(14.1)
歯の損傷	70	(9.0)
脱臼	62	(7.9)
頭部打撲	32	(4.1)
骨折	30	(3.8)
異物の侵入（眼耳鼻など）	25	(3.2)
捻挫	22	(2.8)
咬傷	6	(0.8)
熱傷	4	(0.5)
異物誤飲	3	(0.4)
胸腹打撲	2	(0.3)
その他	39	(5.0)
不明	27	(3.5)
事故総数	781	(100.0)

一部複数回答

表４　傷害部位

( )：%

	発生件数	構成割合
1．頭部	78	(10.0)
2．顔面（部）	506	(64.8)
眼	88	(11.3)
鼻	15	(1.9)
耳	7	(0.9)
口腔・歯	260	(33.3)
その他の顔面	15	(1.9)
3．体幹（部）	26	(3.3)
頚部	5	(0.6)
胸部	3	(0.4)
腹部	2	(0.3)
背部	47	(0.5)
腰部・臀部	3	(0.4)
会陰部	9	(1.2)
4．上肢（部）	140	(17.9)
肩・腕	64	(8.2)
手・手首	28	(3.6)
手指	48	(6.1)
5．下肢（部）	44	(5.6)
大腿・下腿	11	(1.4)
足部	33	(4.2)
6．その他	19	(2.4)
不明	8	(1.0)
総数	781	(100.0)

一部複数回答

（田中哲郎著「保育園における事故防止と安全管理」日本小児医事出版社 pp.32-33）

2　子どものけがのもととなる身体的特徴

　子どもと大人のからだを比較すると、子どもは頭部の占める割合が高くバランスが悪いです。また、日本の住宅事情や「這えば立て立てば歩めの親心」というような子の成長を喜ぶ親の気持ちも相まって、最近の子どもはハイハイする期間が短いといわれています。もちろん成長が早いこと自体は悪いことではありませんが、ハイハイ期の短さは上肢の筋力が十分に発達する前に立ってしまうため、転んだ時にとっさに手が出なくて頭部や顔面の挫傷に繋がることなど、様々なデメリットが報告されています。

　また、子どもの視野や視点に関しても大人とは異なります。特に道路を歩いている際に、大人が五感をフルに活用し、経験も含め危険を予知しながら歩いているのに対して、子どもは単に経験不足による危険回避能力の低さや状況を

> **NOTE**

理解する能力の低さだけではなく、危険を察知するために必要な情報源である視野や視点自体が大人と異なっています。効果的な指導のためにはそのようなことも理解する必要があります。

　大人が、当然子どもにも見えているだろうと思って油断していると、子どもには見えていないこともあり、その油断が重大事故に繋がることもあるのです（表5）。そのような子どもの視野を体験し、子どもの立場に立って事故やけがを防ぐための具体的な方策を考えるための「チャイルドビジョン（幼児視界体験メガネ）」というものがあります。

表5　大人と子どもの視野の違い

	視　野	視　点（平均身長：cm）
大人	左右150度、上下120度	25歳女性 160.4　男性 170.9
子ども	左右90度、上下70度	5歳女児 108.3　男児 110.9

身長は厚生労働省「厚生統計要覧（平成29年度）」より引用

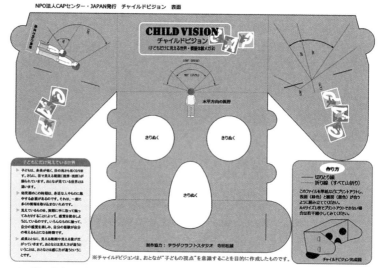

※A4版に拡大コピーして作成してください。
（NPO法人CAPセンターJAPAN発行「チャイルドビジョン」）

3　子どもの死亡事故の特徴

　保育現場で最も避けなければいけない子どもの死亡事故。ここでは資料からその特徴や傾向を知り、事故を未然に防ぐ方法について考えましょう。
　2017（平成29）年1月1日から2017（平成29）年12月31日の期間内に、教育・保育施設等で発生した死亡事故や治療に要する期間が30日以上の負傷や疾病を伴う重篤な事故等で、報告のあった事故について「平成29年教育・保育施設等における事故報告集計の公表及び事故防止対策について」として内閣府子ども・子育て本部が2018（平成30）年5月に発表しています。その結果の概要は次の通りです。

表6 死亡事故発生時の状況

	認可保育所	幼保連携型認定こども園	病児保育事業	その他の認可外保育施設	合計
睡眠中	1	0	0	4	5
プール活動・水遊び	1	0	0	0	1
食事中	0	0	0	0	0
その他	0	1	1	0	2
合計	2	1	1	4	8

（内閣府子ども・子育て本部「平成29年教育・保育施設等における事故報告集計の公表及び事故防止対策について」）

表7 死亡事故における主な死因

	認可保育所	幼保連携型認定こども園	病児保育事業	その他の認可外保育施設	合計
SIDS	0	0	0	0	0
窒息	0	0	0	0	0
病死	0	1	0	1	2
溺死	0	0	0	0	0
その他	2	0	1	3	6
合計	2	1	1	4	8

※「その他」は原因が不明なものを分類
（内閣府子ども・子育て本部「平成29年教育・保育施設等における事故報告集計の公表及び事故防止対策について」）

　高低差のある遊具の使用時や保育者が危険を認識している活動時には、保育者がより注意深く園児の様子を観察するので重篤な事故は発生していませんが、睡眠中など保育者の注意があまり注がれない状況において事故が発生します。特に年齢や月齢が低い子どもに関しては、午睡中の呼吸確認や窒息を招くようなものを枕元に置かないなどの睡眠環境の整備は最低限必要なことです。また、別の年度における死亡事故例では浴槽内での溺水や本箱の中で熱中症による死亡、手洗い場で深さ10cmの水の中に顔をつけて溺水などの報告もあることから、保育者は常に子どもの人数把握を行い、目が届かない死角を減らすことも必要です。

4 子どものけがのもととなる情緒的特徴

　子どものけがが発生する場面をみてみると、単に身体的要因や環境要因だけではなく、子どもが持つ情緒的特徴に起因することがあります。保育者はこれらのことを理解して事前に危険を回避しに繋がる要因を可能な限り取り除く努力が必要になります。幼児期における情緒の特徴は、表8の五つが挙げられます。

表8 幼児期における情緒の特徴

①短時間性	子どもの情緒は、すぐに外部へ表出することにより即座に情緒的緊張が解消されるため、長く続くことはありません。
②変転性	子どもの情緒を表す言葉に「泣いたカラスがもう笑った」というのがあります。子どもは場面を理解する能力が未熟なため、注意をそらされたりすると①の短時間性によるものもあり良く変転します。
③強烈生	子どもの情緒表出には程度がなく、どのような刺激に対しても強烈な情緒表出をします。
④頻発性	子どもは、大人と違い良く泣いたり笑ったりして頻繁に情緒を表します。
⑤直接性	子どもは情緒を隠さず直接外部に表出します。そのため何らかの徴候を示すことが多いので、よく観察することによって情緒の状態を知ることができます。

（近藤充夫「領域 健康」同文書院 pp.37-39 より作成）

Ⅱ 子どものけがを予防する

　事故に関与した原因についてはⅠの表2のとおり、滑り台、鉄棒、アスレチック、ジャングルジム、ブランコなどが挙げられますがそれらの遊具は以前からあるものであり、安全点検を行い正しい遊び方を子どもが理解した上で遊ぶ場合にはそれほど大きな危険が伴うことはありません。また、事故やけがを恐れるあまりに制約的な遊具の使用になっては子どもの興味も半減しますし、何より遊具が持つ本来の特性や、その遊具で遊ぶことで期待される効果も得られないことにも繋がります。特に滑り台のように高低差のある遊具やブランコのようにスピード感がある遊具においては、年度当初の確認に加え事前の約束ごとをしっかりと理解させることが事故防止には大切なことです。

　園庭では、特に自由遊びの時などはそれを見守る保育者の立ち位置も重要です。常に全体を見渡せる場所に位置し、子どもに対して個別の対応をする際にも園庭側に背を向けることなく全体を見渡せる立ち位置や視野を意識するようにしましょう。また、子どもの怪我の対応やトイレなど、保育者が持ち場を離れる際には、他の保育者との連携を図り子どもから目を離すことのないように注意することも大切です。

Ⅲ 子どもの病気について

1 感染症に対する保育者の基本的姿勢

　保育者は医師ではないので診察や診断はできませんが、けがや病気が発生した場合の対処方法や現場における適切な状況判断と初期処置を行う必要があります。特に感染症は集団生活をしている保育施設内に二次感染を引き起こさないためにも初期処置が重要であり、適切な判断と対処ができるように主な感染症の種類と特徴は知識として蓄えておくべき事項です。保育者は常に子どもの様子を観察し、発疹や発熱などの症状を可能な限り初期に発見することで、保育施設内の二次感染予防に努めることが求められます。厚生労働省は2018（平成30）年3月に「保育所における感染症対策ガイドライン（2018年改訂版）」を作成しています。よく読んでこれに基づいた感染症対策を行いましょう。

2 保育者として知っておきたい感染症

感染症は、細菌やウイルスが口などから体内に侵入し増殖することにより発症します。その主な感染経路は以下の四つです。病原体の種類によっては複数の感染経路をとるものがあることに留意しましょう。

●インフルエンザ菌感染症
乳幼児期の細菌性髄膜炎の最も多い原因菌は b 型インフルエンザ菌で、一般に Hib（ヒブ）といわれていてインフルエンザウィルスとは別のものです。
Hib は Haemophilus influenzae type b の略です。

【飛沫感染】
ウイルスや細菌がせき、くしゃみなどにより、細かい唾液などにつつまれて空気中に飛び出し、約1～2mの範囲で人に感染させることです。

〈飛沫感染する主な病原体〉
　細　　菌：A群溶血性レンサ球菌、百日咳菌、**インフルエンザ菌**、肺炎球菌、肺炎マイコプラズマ等
　ウイルス：インフルエンザウイルス、ＲＳウイルス、アデノウイルス、風しんウイルス、ムンプスウイルス、エンテロウイルス、麻しんウイルス、水痘・帯状疱しんウイルス等

【空気感染（飛沫核感染）】
ウイルスや細菌が空気中に飛び出し、1m以上超えて人に感染させることです。空気感染には「飛沫核感染」と「塵埃（じんあい）感染」があります。飛沫核感染は感染者から排出された「飛沫核」を吸い込むことで感染します。飛沫核とは、飛沫の水分が蒸発することで形成される小さな粒子で長時間空気中を浮遊します。塵埃感染は地面や床から舞い上がった、病原体が付着した埃を吸い込むことで感染します。

〈空気感染する主な病原体〉
　細　　菌：結核菌等
　ウイルス：麻しんウイルス、水痘・帯状疱しんウイルス等

【接触感染】
皮膚や粘膜の直接的な接触、または手すりやタオル等のような物体の表面を介しての間接的な接触により、病原体が付着することで感染することです。

〈接触感染する主な病原体〉
　細　　菌：黄色ブドウ球菌、インフルエンザ菌、肺炎球菌、百日咳菌、腸管出血性大腸菌
　ウイルス：ノロウイルス、ロタウイルス、ＲＳウイルス、エンテロウイルス、アデノウイルス、風しんウイルス、ムンプスウイルス、麻しんウイルス、水痘・帯状疱しんウイルス、インフルエンザウイルス、伝染性軟属腫ウイルス等
　ダ　　ニ：ヒゼンダニ等
　昆　　虫：アタマジラミ等
　真　　菌：カンジダ菌、白癬菌等

NOTE

【 経口感染（糞口感染）】

病原体を含んだ食物や水分を口にすることによって、病原体が消化管に達して感染します。糞便が手指を介して経口摂取される場合を特に糞口感染といいます。

〈経口感染する主な病原体〉

細　　菌：腸管出血性大腸菌、黄色ブドウ球菌、サルモネラ属菌、カンピロバクター属菌、赤痢菌、コレラ菌等

ウイルス：ロタウイルス、ノロウイルス、アデノウイルス、エンテロウイルス等

　学校保健安全法施行規則における感染症の種類は、第一種、第二種、第三種があり、第一種の疾患は園ではほとんど見られないことから、第二種、第三種の疾患に対する知識が必要となります。また厚生労働省の「保育所における感染症対策ガイドライン」で特に注意する感染症としてあげられているもののうち、主な感染症の感染しやすい期間、登園のめやすは表9、表10の通りです。

表9　医師が記入した意見書が必要な感染症（第二種）

感染症名	感染しやすい期間	登園のめやす
麻しん（はしか）	発症1日前から発しん出現後の4日後まで	解熱後3日を経過してから
インフルエンザ	症状がある期間（発症前24時間から発病後3日までが最も感染力が強い）	症状が始まったひから5日以内に症状がなくなった場合は、症状が始まった日から7日目までまたは解熱した後、3日を経過するまで
風しん	発しん出現の前7日から後7日間くらい	発しんが消失してから
水痘（水ぼうそう）	発しん出現1～2日前から痂皮形成まで	すべての発しんが痂皮化してから
流行性耳下腺炎（おたふくかぜ）	発症3日前から耳下腺腫脹後4日	耳下腺の腫脹が消失してから
結核		感染のおそれがなくなってから
咽頭結膜炎（プール熱）	発熱、充血等症状が出現した数日間	主な症状が消え2日を経過してから
流行性角結膜炎	充血、目やに等症状が出現した数日間	感染力が非常に強いため結膜炎の症状が消失してから
百日咳	抗菌薬を服用しない場合、咳出現後3週間を経過するまで	特有の席が消失し、全身状態が良好であること（抗菌薬を決められた期間服用する。7日間服用後は医師の指示に従う）
腸管出血性大腸菌感染症（O157、O26、O111等）		症状が治まり、かつ、抗菌薬による治療が終了し、48時間をあけて連続2回の検便によって、いずれも菌陰性が確認されたもの

（田中哲郎著「保育園における事故防止と安全管理」日本小児医事出版社 p.261）

表10　医師の診断を受け、保護者が記入する登園届が必要な感染症（第三種）

病名	感染しやすい期間	登園のめやす
溶連菌感染症	適切な抗菌薬治療を開始する前と開始後1週間	抗菌薬内服後24～48時間経過していること
マイコプラズマ肺炎	適切な抗菌薬治療を開始する前と開始後数日間	発熱や激しい咳が治まっていること
手足口病	手足や口腔内に水疱・潰瘍が発生した数日間	発熱や口腔内の水疱・潰瘍の影響がなく、普段の食事がとれること
伝染性紅斑（リンゴ病）	発しん出現前の1週間	全身状態が良いこと
ウイルス性胃腸炎（ノロ、ロタ、アデノウイルス等）	症状のある間と、症状消失後1週間（量は減少していくが数週間ウイルスを排泄しているので注意が必要）	嘔吐、下痢等の症状が治まり、普段の食事がとれること
ヘルパンギーナ	急性期の数日間（便の中に1か月程度ウイルスを排泄しているので注意が必要）	発熱や口腔内の水疱・潰瘍の影響がなく、普段の食事がとれること
RSウイルス感染症	呼吸器症状のある間	呼吸器症状が消失し、全身状態が良いこと
帯状疱疹	水疱を形成している間	すべての発しんが痂皮化してから
突発性発疹		解熱し機嫌が良く全身状態が良いこと

（田中哲郎著「保育園における事故防止と安全管理」日本小児医事出版社 p.261）

Ⅳ けが・病気発生時の対応

1 保育者の対応能力

　今まで述べてきた事故やけがは、日常の遊具や保育室内の点検を含む環境整備や子どもに対する安全教育である程度防ぐことはできますが、そこにヒューマンエラーや突発的な事項等により防ぎきれない事故やけがが発生することがあります。

　園児に対する安全教育や安全管理でけがを発生させないことが大事ですが、万一の事故に備えて保育者自身が応急処置を学び、慌てず対処できるようにしておくことも必要です。

2 緊急時の対応

　事故発生の際には園で定められた緊急時対応マニュアルがあるので、それに基づいて行動することが求められますが、大まかな流れを理解しておかないといざという時に慌ててしまい、場合によっては適切な初期処置ができずに手遅れになってしまう可能性もあります。緊急時の対応は表11のとおりですので、この表に園のルールや自分独自の事項を書き加えて活用してください。

（藤本　要）

表11　緊急時の対応

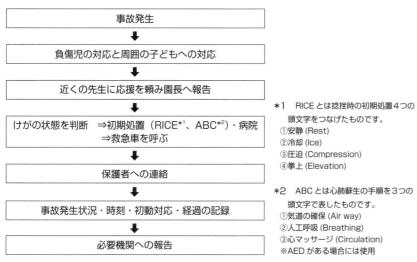

(柴田卓・石森真由子編　2017　楽しく学ぶ運動遊びのすすめ　(株)みらい　p.118)

第14章「子どものけが・病気について」のまとめ

1. 原因行動で、0～2歳児に転倒が多く、3歳児以降に衝突が多くなる理由を考えましょう。

2. 原因物質で、他児が1位になる理由を考えましょう。

3.「麻しん」「風しん」は、なぜ実習前に抗体検査が必要なのか考えましょう。

第 14 章　子どものけが・病気について

第 15 章
園の生活

NOTE

　本章では、2017（平成 29）年に改定された「保育所保育指針」、「幼稚園教育要領」、「幼保連携型認定こども園教育・保育要領」を踏まえ、子どもたちが実際に園ではどのように過ごしているのかを「健康な心とからだ」を中心に考えます。

I　保育の基本と生活

　1989（平成元）年に幼稚園教育要領が「小学校・中学校・高等学校・特別支援学校・そして幼稚園」の教育要領に大きな改定が実施されました。その改定は「教育の在り方」が教師主導型から幼児主導型（自分でやろうとする）に移行し、子どもが環境を通して主体的に生活を営むことを重視した教育改革が示唆されています。

　また、2017(平成 29)年の改定は、今まで以上に幼稚園・保育所（園）・認定こども園などの小学校の連携強化やそれぞれの連続性と円滑な接続の重要性が示され、中でも5領域のねらい及び内容に基づく活動全体を通して資質・能力が育まれている子どもの具体的な姿として「幼児期の終わりまでに育ってほしい姿」が明確化されています。

II　園生活の理解

　幼稚園・保育所（園）・認定こども園のそれぞれの目的は異なりますが園生活においては家庭から離れて同年代の子どもと保育者が日々一緒に過ごす初めての集団生活の場です。その生活が子どもたちにとって安心して過ごすことができる環境でなければいけません。その快い毎日の生活環境を保障するためには、それぞれの園において、「生涯にわたる生きる力の基礎を培う」ことができる特色ある「園

生活の流れ・1日の生活」（事例1～4）を設定し、その流れを保育者と子どもが共有することによって、子どもの園生活への意欲が高まり、よりよい方向へ保育が展開していきます。その具体的な一つの方法として「園だより」（事例5）などがあります。その「園だより」を活用して、園生活と家庭生活（生活の連続性）を深めることによって生活習慣の自立に繋がっていきます。それが、小学校での集団生活の場において、命の畏敬や思いやりの心、そして見通しをもって行動できる子どもに成長するのです。

Ⅲ 乳児保育の方向性

「健康とは」ということについて一般論として世界保健機構（WHO）の定義を引用することが多く、「身体的・社会的・精神的に良好な状態にあること」を「健康」であるとしています。それを踏まえ、特に2017（平成29)年改定の保育所保育指針において、乳児保育（0歳児）に関わるねらい及び内容は「身体的発達に関する視点」「社会的発達に関する視点」「精神的発達に関する視点」の3つの視点から編成されています。この視点は生活や遊びの中で保育士が子どもを育んでいくための方向性が示され、「養護と教育の一体となった保育」の理解と資質の向上に向けて、保育の意義がより一層明確化されています。特に「健康」の領域では「養護」との関連性が深く「身体的」基礎を培うことが重要視され、中でも乳児期は、発達の諸側面が未発達であるため、具体的な視点として「健やかにのびのびと育つ」保育内容が示されています。その健やかな園生活を充実させるためには受容的・応答的な保育の展開が必要です。中でも、愛情をかけて受容し応答してくれる保育者（大人）が傍にいるだけで子どもにとって心のよりどころとなり、生きる力の基礎とも言える人格形成の芽生えに繋がり、それが人間を信頼するための素地になるのです。

NOTE

IV 一日の流れ

1 保育園 事例-1

0・1・2歳児	時 間	3・4・5歳児
順次登園・登降園表に記入 持ち物整理	7：00	順次登園・登降園表に記入 持ち物整理
午前おやつ・検温・午前睡	9：00	
	9：30	朝の活動
主活動 ●室内遊び 探索的遊び・模倣遊び わらべうた・指先を使った遊び ●戸外遊び 散歩	10：00	主活動 ●室内遊び ごっこあそび・造形あそび 絵本・ゲーム・運動あそび ●戸外遊び 散歩
食事	11：15	
	11：30	食事
午睡	12：30	
	13：00	午睡
起床	14：45	起床
対象児にあったおやつ	15：00	おやつ
●戸外遊び・室内遊び		●戸外遊び・室内遊び
順次降園	16：00	順次降園
延長保育	17：30	延長保育

◎常に同じ生活の流れを（日課）を作ることで、安心して過ごすことができ、見通しを持って生活をする力が育ちます。

保育園の様子　事例-2

0・1・2歳児

排泄

身体の発達段階に合わせておむつ換えの援助を行います。腹筋に力を入れて自分で起きられるようになったら、保育士の親指を握らせしっかりと手首を持ち「起きようね」「上手にできたね」など自発的に行動できるようなことばかけをしながらゆっくり起こします。

おむつ交換時は、あやしたり、ゆっくりとコミュニケーションをとることで、子どもとの信頼関係を深めます。

食事

子どもの筋力でイスに座り、姿勢を保持できるようになるまでは、抱っこをして1対1で食べれるようにしています。又、個々の発達に応じて十分に食事の援助ができるように少人数で食事をすることによって、子どもが保育士とゆっくり向き合い、食べる喜びが育ちます。

遊び

季節や子どもの成長に合わせ毎日決まった日課をつくることで年齢が小さい子どもでも「次は何をするのか」「この場所は何を行うところなのか」など見通しをもって行動する力が育ちます。

見通しをもっていつもきまっている日課で過ごすことで安心感をもって保育園で過ごせるようになり、自立する力が育っていきます。

3・4・5歳児

体験・遊び

スリル満点！

園庭は緑色の芝生！その中で子どもたちは鬼ごっこをしたり、草スキーを滑ったりして、全身をしっかりと使って遊んでいます。遊びの中で、友だちとのやりとりや発見や驚きなど、様々な学びを通し、心も体も大きく成長しています。

ひげもじゃ～

日々の園生活の中で、野菜を栽培することによって、自然の恵みを体感し、食材に触れたり調理体験をしたり、五感を通して心も体も満たされ感謝が芽生えます。

ラムネの噴水！

体操教室

体操教室では体を柔軟にし、トランポリンで体幹を鍛えることで姿勢保持が出来るようになります。

いろいろな活動に挑戦することで、意欲が高まり、満足感・達成感が育まれていきます。

協力：さわやかあだちのもり保育園

NOTE

2 幼稚園　事例 - 3

時　間	3・4・5歳児
8：00	登園（園バス、徒歩など） ・順次朝の支度をする ・自由遊び
9：30	片づけ
9：50	朝の会 ・出欠確認をする ・朝の歌をうたう ・体操をする
10：10	設定保育 ・日案に沿った活動を行う
11：30	昼食準備 ・手洗い、机やいすの準備 ・配膳
12：00	昼食 ・友達や先生と一緒に食べる 食べ終わったら順次室内で自由遊び
13：30	降園準備・帰りの会
14：00	降園 ・迎えに来る保護者への対応
14：30	預かり保育
15：00	保育会議
16：30	保育記録の記入、保育準備
18：30	預かり保育降園準備

幼稚園の様子　事例 - 4

3・4・5歳児

登園

園バス、保護者直接送迎

持ち物を所定の場所へ

自分のことは自分で

出席ノートにシール貼り

活動

学園の農園や園庭の畑で野菜の苗植え

年長児が企画・運営している誕生会

年長児が考えた誕生会メニュー

楽しい絵本の時間

遊戯室での運動遊び

給食

手洗いが習慣化するための環境構成

大好きな当番活動

みんなで美味しい給食

清掃

みんなで協力！お片付け

降園

さようならのご挨拶

おうちの方へおひきわたし

協力：認定こども園東筑紫短期大学附属幼稚園

NOTE

Ⅴ 保育の展開と保育の流れ

1 保育の展開 ―五領域（心情・意欲・態度）のつながり―

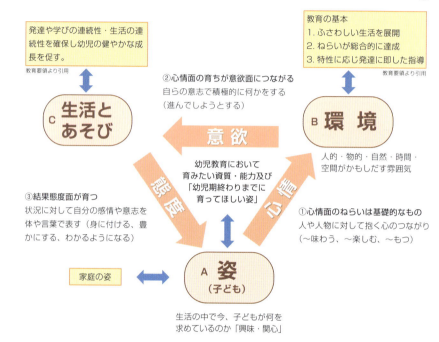

幼稚園教育要領を参考に筆者作成

2 保育の流れ ―インフルエンザの流行―

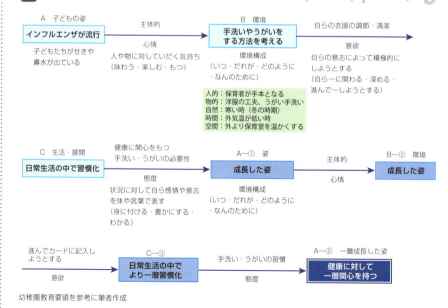

幼稚園教育要領を参考に筆者作成

> 子どもの姿を受容し、教育的価値観のある環境を構成することによって、子どもの生活がよりよい方向へ展開していきます。また展開できなかった場合は自己評価・自己点検し、環境を再構成してみましょう。

園だより　事例-5

 だきしめこども園（保育園型）　9月園だより

《こどもの育ちに感謝・・・・・》

日常生活の中で、子ども達の「心」が育ったエピソードをお伝えさせていただきます☆私（園長）の怪我が原因で歩行が不自由な状況を見ていた子ども達・・・朝出勤すると、園庭で遊んでいた数名の子ども達が急いで走ってきて、「えんちょうせんせいもってあげる」「きをつけてあるいてね」と声をかけてくれ荷物を運んでくれました。玄関でも、他の子ども達が下駄箱から上靴を出し外靴を中に閉まってくれるお手伝い。誰に促されるでもなく、私の姿を見て、自ら考え、行動する成長した姿が見られ、私の怪我は最悪でしたが、子ども達の中から弱者に対する「思いやりの心」が育ち、私自身大変感動した一コマでした。

　　　　　　　　　　　　　　　　　　　　　　　　　　　園長より

9月行事予定
5日（水）健康診断（全園児）
6日（木）おひさま（歯のお話）
11日（火）スイミング（かぜ・そら）
12日（水）9月誕生会
21日（金）避難訓練
13・20日（木）園庭開放日

＊身体測定は、月初めにクラスごと

えんちょうせんせい
かばんもってあげるよ！！

くつ　どうぞ！

《プール納めについて》年間行事予定では、8月31日がプール納めとなっておりましたが、今年は猛暑日が続いていることもあり、9月4日をプール納めとさせていただきます。ご了承ください。また9月中も天候や気温に応じて、水遊びやシャワー等を行っていく予定です。引き続きプールカードの記入・持ち物の準備をお願い致します。
《健康診断について》9月5日（水）午後12時30分より、全園児の健康診断を行います。当日、都合や体調が悪く欠席された場合は、後日、個別で（こぐまクリニック）の受診をしてください。よろしくお願い致します。

2018年8月31日配布
協力：静岡市　私立だきしめこども園（保育園型）

あだちのもり保育園エピソード（3.4.5歳児たてわり保育）

　砂場で「ケーキ屋さんごっご」を楽しんでいる子どもたちに、お花のトッピングに保育士が花壇の花（インパチェンス）を摘み、砂場に持っていくと、保育士の姿を見ていた子どもたちが、花壇の花をすべて摘んでしまい大騒ぎ！そこで、この花びらをどうしたらいいのか話し合った結果、お部屋に飾りみんなで眺めたり「おはながわらった」の歌をうたったりしました。「おはなさんいたかったでしょう…ごめんなさいね。」
　保育士の姿が子どもに反映する一コマでした1！！

おはながわらったぁ♪

ワークシート【1】にて子どもの姿と保育士のかかわりを読み取ってみましょう。

（木本　節子）

第15章「園生活」のまとめ

1. 「ケーキ屋さんごっこ」(事例5) のエピソード写真から子どもたちの姿と保育者との関わりについて考えてみましょう。また、このエピソードを「10の姿」(第1章Ⅱ参照)を基に子どもの成長を読み取ってみましょう。

2. 健康面について「クラスだより」(保護者に協力してほしいこと) を作成してみましょう。

【引用・参考文献】

第1章
- 厚生労働省：「保育所保育指針の改定に関する議論のとりまとめ」（平成28年12月21日）
- 内閣府、文部科学省、厚生労働省：「平成29年告示 幼稚園教育要領 保育所保育指針 幼保連携型認定こども園教育・保育要領 原本」チャイルド本社 2017
- 齋藤正人：「保育者をめざす楽しい造形表現」圭文社 2018

第2章
- 高石昌弘：「からだの発達」大修館書店 1981
- デビッド・L．ガラヒュー，杉原隆（監訳）：「幼少年期の体育－発達的視点からのアプローチ－」大修館書店 1999
- 石河利寛ほか：「幼稚園における体育カリキュラムの作成に関する研究Ⅰ．カリキュラムの基本的な考え方と予備調査の結果について」体育科学 1980
- 杉原隆・河邉貴子（編）：「幼児期における運動発達と運動遊びの指導」ミネルヴァ書房 2014
- 宮丸凱史：「運動・遊び・発達－運動できる子どもに育てる」学研教育みらい 2011
- 青柳領：「子どもの発育発達と健康」ナカニシヤ出版 2006
- 平山宗宏（編）：「子どもの保健と支援」日本小児医事出版社 2011
- 前橋明（監修），田中光（編）：「乳幼児期の健康」ふくろう出版 2004

第3章
- George, B. & Margaret, H. (1994) Principles Developmental Psychology. UK: Lawrence Erlbaum Associates Ltd. 村井潤一（監訳）：「発達心理学の基本を学ぶ」ミネルヴァ書房 2010
- Frith, U. (2003) Autism: Explaining the Enigma Second Edition. UK: Blackwell Ltd. 冨田真紀・清水康夫（訳）：「新訂自閉症の謎を解き明かす」東京書籍 2009
- Piaget, J.：谷村覚・浜田寿美男（訳）：「知能の誕生」ミネルヴァ書房 1978
- Erikson, E. H.：西平直・中島由恵：「アイデンティティとライフサイクル」誠信書房 2011

第4章
- 杉原隆・河邉貴子（編）：「幼児期における運動発達と運動遊び－遊びの中で子どもは育つ－」ミネルヴァ書房 2014
- ジェア・ブロフィ，中谷素之（監訳）：「やる気を引き出す教師－学習動機づけの心理学－」金子書房 2011
- 増山均：「余暇・遊び・文化の権利と子どもの自由世界～子どもの権利条約第31条論～」青踏社 2004
- 中坪史典：「子どもの主体的な遊びの特徴とそれが引き出される背景 発達」第150号 2017

第5章
- 穐丸武臣・花井忠征：「幼児の楽しい運動遊びと身体表現」圭文社 2010
- 井筒紫乃・川田裕次郎：「保育内容『健康』」圭文社 2010
- 日本幼児体育学会（編）：「幼児体育理論と実践」大学教育出版 2013
- 岩崎洋子（編）：「保育と幼児期の運動遊び」萌文書林 2008

第6章
- 文部科学省：「幼稚園教育要領」文部科学省告示第62号 2017
- 厚生労働省：「保育所保育指針」厚生労働省告示第117号 2017
- 内閣府・文部科学省・厚生労働省：「幼保連携型認定こども園教育・保育要領」内閣府／文部科学省／厚生労働省告示第1号 2017
- ジョセフ・B・コーネル，吉田正人他（訳）：「ネイチャーゲーム1」柏書房 2002
- 降旗信一：「親子で楽しむネイチャーゲーム」善文社 1992
- 神長美津子ほか：「すごい！ふしぎ！おもしろい！子どもと楽しむ自然体験活動 - 保育力をみがくネイチャーゲーム -」光生館 2013
- 山田卓三：「ふるさとを感じるあそび事典」農文協 1998
- 前田和司・宮下桂・岡健吾・柏倉崇志：「地域に根ざした野外教育プログラムの構築」北海道教育大学環境教育情報センター『環境教育研究』第6巻，第2号 2003
- オギュスタン・ベルク，中山元（訳）：『風土学序説－文化をふたたび自然に、自然をふたたび文化に－』筑摩書房 2002
- ピーター・グレイ，吉田新一郎（訳）：「遊びが学びに欠かせないわけ 自立した学び手を育てる」築地書館 2018
- 汐見稔幸：「こども・保育・人間」学研教育みらい 2018

第7章
- 日本レクリエーション協会：「レクリエーション支援の基礎―楽しさ・心地よさを活かす理論と技術」日本レクリエーション協会 2007
- 開仁志（編著）：「これで安心！保育指導案の書き方 - 実習生・初任者からベテランまで -」北大路書房 2013
- 吉田眞理（編著）：「生活事例からはじめる教育実習 保育実習 - 幼稚園、保育所、認定こども園の実習に備えて -」青踏社 2018
- 三村寛一・安部恵子（編著）：「新・保育活動と健康」嵯峨野書院 2018

第8章、第9章
- Miller, M. A., Kruisbrink, M., Wallace, J., Ji, C., & Cappuccio, F. P. (2018). Sleep duration and incidence of obesity in infants, children, and adolescents: a systematic review and meta-analysis of prospective studies. Sleep, 41(4), zsy018.
- 鈴木みゆき：「早起き・早寝・朝ごはん―生活リズム見直しのススメ」芽ばえ社 2005
- 前橋明：「子どもの心とからだの異変とその対策について」幼少児健康教育研究 2001
- 古谷佳世・小谷清子・猿渡綾子・青井渉・和田小依里 & 東あかね：保育所に通う幼児とその母親を対象とした朝食摂取状況調査 男女別比較 日本栄養士会雑誌 2017
- 中堀伸枝・関根道和・山田正明 & 立瀬剛志：「子どもの食行動・生活習慣・健康と家庭環境との関連：文部科学省スーパー食育スクール事業の結果から」日本公衆衛生雑誌 2106
- 内閣府「平成27年版子供・若者白書」
- Anderson, S. E., & Whitaker, R. C. Household routines and obesity in US preschool-aged children. Pediatrics, peds-2009.2010
- Mindell, J. A., Sadeh, A., Wiegand, B., How, T. H., & Goh, D. Y. :Cross-cultural differences in infant and toddler sleep. Sleep medicine 2010

第10章

- 深谷昌志ほか：「調査レポート－子どもたちの遊び」『モノグラフ・小学生ナウ』ベネッセ 教育総合研究所 1998
- 松田恵示：『交叉する身体と遊び－あいまいさの文化社会学』世界思想社 2009
- 松田恵示・松尾哲矢：『福祉社会のアミューズメントとスポーツー身体からのパースペクティブ』世界思想社 2010
- 住田正樹・高島秀樹（編著）：『変動社会と子どもの発達（改訂版）』北樹出版 2018
- 高岡純子他：「第5回幼児の生活アンケート」ベネッセ教育総合研究所 2016
- 渡辺潤：『レジャー・スタディーズ』世界思想社 2015
- 河崎道夫：「新しい世紀における遊びとその役割－遊びの現状とその意味」『日本教育心理学会総会発表論文集』38 1996
- 中央教育審議会：「子どもの体力向上のための総合的な方策について（答申）」2002
- 仙田満：『対訳－こどものためのあそび空間』市ヶ谷出版社 1998
- 仙田満：「子どもの遊びと運動意欲を喚起する環境」『体力科学』60, 2011
- 窪龍子・井狩芳子・野田耕：「幼児期の生活と遊びに関する研究－幼稚園児の降園後の遊びから『三間がない現象』について」『実践女子大学人間社会学部紀要』3, 2007
- 住田正樹：「現代社会の変容と子どもの仲間集団」内田伸子ほか（編著）『子ども時代を生きる－幼児から児童へ』金子書房 1995
- Aschoff, J : Circadian control of body temperature. Journal of Thermal Biology(8) 1983
- 田中嵐：「伝承遊びの『スポーツ的リメイク』に関する一考察－『ベイゴマ』と『ベイブレード』に着目して」『体育社会学領域発表論文集』26 2018
- 北山修（編著）：『共視論』講談社 2005

第11章

- 正木健雄・井上高光・野尻ヒデ：「脳をきたえる『じゃれつき遊び』」小学館 2004
- 坪田一男：「ブルーライト 体内時計への脅威（第4版）」集英社新書 2013
- 清川輝基（編著）古野陽一・山田眞理子（著）：「ネットに奪われる子どもたち～スマホ社会とメディア依存への対応～」少年写真新聞社 2014
- 神山潤：「『夜かし』の脳科学 子どもの心と体を壊すもの」中公新書ラクレ 2015
- のぶみ：「ママのスマホになりたい」WAVE出版 2016
- ベネッセ教育総合研究所：「第2回 乳幼児の親子のメディア活用調査」2017
- 川島隆太：「スマホが学力を破壊する」集英社新書 2018
- 清川輝基・内海裕美：「子どもが危ない！スマホ社会の落とし穴」少年写真新聞社 2018

第12章

- 堤ちはる・土井正子：「子育て・子育ちを支援する子どもの食と栄養 」萌文書林 2013
- 厚生労働省：「保育所におけるアレルギー対応ガイドライン」厚生労働省 2011
- 服部辛應：「『食育』のすべてが分かる！食育の本」キラジェン 2017
- 厚生労働省：「楽しく食べる子どもに一食からはじまる健やかガイド」厚生労働省 2014
- 児童育成協会児童給食事業部：「保育所における食育計画づくりガイド」子ども未来財団 2008
- 菅原園：「発育期の子どもの食生活と栄養」学建書林 2015
- 飯塚美和子ほか：「最新子どもの食と栄養」学建書林 2015
- 谷田貝公昭：「実践保育内容シリーズ健康」一藝社 2018

第13章

- 松野敬子：「子どもの遊び場のリスクマネジメント―具の事故低減と安全管理―」ミネルヴァ書房 2015
- 小松原明哲：「ヒューマンエラー第2版 」丸善出版株式会社 2008
- 国土交通省都市局公園緑地課：「公園施設の計画的な維持管理・更新に向けた取り組みについて」2014
- 天野珠路：「写真で紹介 園の避難訓練ガイド」かもがわ出版 2017
- 田中哲郎：「保育園における事故防止と安全管理」日本小児医事出版社 2011
- 「絵本ナビ子どもに絵本を選ぶなら」のウェブサイト
- e-start「政府統計の総合窓口」のウェブサイト

第14章

- 田中哲郎：「保育園における事故防止と安全管理」日本小児医事出版社 2011
- 消費者庁：「平成30年版消費者白書」2018
- 厚生労働省 .：「保育所における感染症対策ガイドライン」（改訂版）2018
- 岸井勇雄・無藤隆・柴崎正行：「保育・教育ネオシリーズ16 保育内容・健康」同文書院 2010
- 「麻しんに関する特定感染症予防指針」[平成19年厚生労働省告示第442号]
- 「風しんに関する特定感染症予防指針」[平成26年厚生労働省告示第122号]
- 内閣府子ども・子育て本部：「『平成29年教育・保育施設等における事故報告集計』の公表及び事故防止対策について」2018
- 厚生統計要覧（平成29年度）厚生労働省
- 柴田卓・石森真由子編：「楽しく学ぶ運動遊びのすすめ」みらい 2017
- 近藤充夫：「領域 健康」三訂版 同文書院 2004

第15章

- 文部科学省：幼稚園教育要領 2017
- 厚生労働省：保育所保育指針 2017
- 山崎英則・片上宗二：「教育用語辞典」ミネルヴァ書房 2003
- 厚生労働省：『保育所保育指針』 フレーベル社 2017
- 内閣府：『幼保連携型認定こども園教育・保育要領』 フレーベル社 2017
- 文部科学省：『幼稚園教育要領』 フレーベル社 2017

コラム

- 神山潤：「ねむり学入門」新曜社 2010

監修・編著

安倍　大輔　　白梅学園大学 子ども学部 准教授　[第4章Ⅰ－1、7章Ⅲ、第11章]

井筒　紫乃　　日本女子体育大学 体育学部 教授

川田　裕次郎　順天堂大学 スポーツ健康科学部 准教授　[第3章]

著　　者

石川　哲也　　中京学院大学 短期大学部保育科 専任講師　[第5章Ⅰ、Ⅱ]

伊東　裕希　　朝日大学　保健医療学部 講師　[第5章Ⅲ]

大塚　正美　　城西国際大学 経済情報学部 教授　[コラムⅠⅡⅢ]

岡　健吾　　　北翔大学 教育文化学部 教育学科 准教授　[第6章、第7章Ⅳ]

上村　明　　　和洋女子大学人文学部 こども発達学科 准教授　[第1章、第8章、第9章]

木本　節子　　東筑紫短期大学　保育学科 特任教授　[第15章]

金　美珍　　　埼玉純真短期大学 こども学科 専任講師　[第12章]

杉本　信　　　帝京科学大学 教育人間科学部 教授　[第2章、第4章]

竹内　秀一　　城西国際大学 福祉総合学部　助教　[第10章]

中山　貴太　　小田原短期大学 保育学科 専任講師　[第7章Ⅰ、Ⅱ、第13章]

藤本　要　　　福島学院大学短期大学部 保育学科 准教授　[第14章]

協　力　園

福岡県北九州市　さわやかあだちの森保育園

福岡県北九州市　認定こども園東筑紫短期大学付属幼稚園

静岡県静岡市　だきしめこども園

新版改訂版
保育者をめざす

保育内容「健康」

発　　　行	2019年 4 月 1 日　初　版　第 1 刷発行
	2023年 3 月 1 日　新版改訂版　第 1 刷発行
監修・編著	安倍　大輔・井筒　紫乃・川田裕次郎
著　　　者	石川　哲也・伊東　裕希・大塚　正美・岡　　健吾・
	上村　　明・木本　節子・金　　美珍・杉本　　信・
	竹内　秀一・中山　貴太・藤本　　要
発　行　者	小森　順子
発　行　所	圭文社
	〒112-0013　東京都文京区音羽 1-14-2
	TEL：03-6265-0512　FAX：03-6265-0612
印刷・製本	日経印刷 株式会社
	ISBN978-4-87446-092-4

©Daisuke Abe 2019 Printed in Japan

本書の無断複写・複製・転載を禁じます